dumont taschenbücher

Herbert Alexander Stützer, geb. 1909 in Berlin, studierte an den Universitäten Breslau und Bonn Philosophie, Geschichte, Kunstgeschichte und Archäologie und promovierte 1931 zum Dr. phil. Seine Spezialgebiete sind etruskische, römische und italienische Kunst. Stützer lebt als freiberuflicher Kunsthistoriker in München. Er wurde bekannt durch seine Vorträge, Seminare, Kunstreisen und Fernsehsendungen. Von seinen Büchern erschienen im DuMont-Buchverlag: *Die italienische Renaissance* (1977; Dokumente), *Das antike Rom* (1979; Kunst-Reiseführer), *Malerei der italienischen Renaissance* (1979; vergriffen), *Die Kunst der römischen Katakomben* (1983; Taschenbücher Bd. 141, vergriffen), *Kleine Geschichte der römischen Kunst* (1984; Taschenbücher Bd. 156), *Ravenna und seine Mosaiken* (1989; Taschenbücher Bd. 222); *Frühchristliche Kunst in Rom* (Taschenbücher, Bd. 261) und der Film *So lebten die Etrusker* (1988; Video-Reiseführer).
Herbert Alexander Stützer erhielt 1986 in Tarquinia für seine Verdienste um die etruskische Kultur den internationalen Preis ›UNA VOCE PER L'ETRURIA‹.

Augur. Tomba degli Auguri. Um 520 v. Chr. Tarquinia

Herbert Alexander Stützer

Die Etrusker

und ihre Welt

DuMont Buchverlag Köln

Umschlagabbildung: Tomba del Barone, Rückwand, mittlere Szene

Zeichnungen: Ursula Plag, Tübingen

Die Deutsche Bibliothek – CIP-Einheitsaufnahme

Stützer, Herbert Alexander:
Die Etrusker und ihre Welt / Herbert Alexander Stützer.
[Zeichn.: Ursula Plag]. – Überarb. und erw. Aufl. –
Köln: DuMont, 1992
(DuMont-Taschenbücher; 293)
ISBN 3-7701-3128-2
NE: GT

Satz, Druck und buchbinderische Verarbeitung: Boss-Druck, Kleve

Printed in Germany ISBN 3-7701-3128-2

Inhalt

Einleitung

Ruinenstädte wie das italisch-römische Pompeji oder Herculaneum findet man im Etruskerland nicht. Von den großen und kleinen Etruskerstädten ist nur wenig erhalten geblieben. Die Häuser waren aus vergänglichem Material gebaut und haben die Zeiten nicht überdauert. Auch wurden viele etruskische Ansiedlungen in der Römerzeit von den neuen Herren überbaut.

Seit einiger Zeit sind die Archäologen eifrig bemüht, die Reste etruskischer Städte auszugraben und zu erforschen. Sie legen besonderen Wert darauf, aus den Grundmauern und ihren Spuren die Pläne zu ergründen, nach denen die Siedlungen und ihre Gebäude angelegt waren. Das Vorgefundene reicht aber nicht aus, um ein Bild vom Leben und von der Kultur der Etrusker zu erhalten. Um sich dieses zu verschaffen, muß man vor allem in die Nekropolen, die Totenstädte, gehen.

Die Etrusker waren davon überzeugt, daß der Mensch mit einem Teil seiner Individualität, seines Selbst, im Grab weiterlebt. Darum bauten sie ihm Grabkammern, die den Häusern der Lebenden glichen und noch vorhanden sind, weil sie aus unterirdischem Fels herausgeschlagen oder aus Stein gebaut waren. Uns aber lassen sie erkennen, wie die Etrusker in den verschiedenen Jahrhunderten ihre Häuser bauten.

Man gab dem Toten in die Grabkammer auch vieles von dem mit, was er zu Lebzeiten benötigte oder besaß: Speisen, Gefäße, Waffen, Gegenstände verschiedener Art, Figuren, Spiegel, Schmuck und dergleichen mehr. Das meiste von dem, was man heute in Museen betrachten kann, stammt aus Gräbern.

Was man aber dem Toten nicht real mitgeben konnte – wie seine Arbeitswelt, Gastmähler, Musik, Tanz und Erotik –, das gab man ihm in Bildern mit, die man an die Wände seines Grabhauses malte. So wurden die Gräber zu Schatzkammern der etruskischen Malerei.

Es gab auch Zeiten, in denen man die Toten verbrannte, und Gegenden, in denen die Verbrennung lange Zeit üblich war. Auch die Urnenkultur vermittelt uns das Bild des Etruskers. Man bemühte sich, in der Urne Aussehen und Gestalt des Lebenden zu erhalten. Darum band man Gesichtsmasken vor die Urnen, oder man gab den Urnen Menschengestalt. Später stellte man den Verstorbenen auf Urnenkästen wie auf Sarkophagdeckeln liegend dar. Aus dem Bemühen, den Körper und vor allem das Gesicht eines Toten nachzubilden, entwickelte sich eine Porträtplastik, die manches Meisterwerk der Weltkunst hervorbrachte.

So spiegelt das Reich der Toten die Welt der Lebenden wider. Zum Verständnis dieser Welt gehört aber auch die Kenntnis der Herkunft des etruskischen Volkes, seiner Sprache und seiner Geschichte. Darum soll hiervon zuerst die Rede sein.

Herkunft, Sprache und Geschichte

Die Frage nach der Herkunft der Etrusker bewegte schon die Menschen im Altertum. Der griechische Schriftsteller Herodot, der im 5. Jahrhundert v. Chr. lebte und als ›Vater der Geschichtsschreibung‹ bezeichnet wird, schrieb in seinen *Historien:*

»Zur Zeit des Königs Atys, des Sohnes des Manes, habe in ganz Lydien eine gewaltige Lebensmittelknappheit geherrscht; die Lyder hätten zwar fürs erste geduldig ausgeharrt, danach aber, als sie nicht aufhörte, hätten sie Abhilfe gesucht, und der eine habe dies, der andere jenes ersonnen. Damals also seien das Würfelspiel, das Knöchelspiel, das Ballspiel und alle anderen Spiele außer dem Brettspiel erfunden worden; die Erfindung des letzteren nämlich nehmen die Lyder nicht in Anspruch. Folgendermaßen hätten sie gegen den Hunger angekämpft, nachdem sie sie erfunden. Den einen ganzen Tag hindurch spielten sie, um nicht nach Essen zu verlangen, den nächsten Tag hörten sie mit dem Spielen auf und aßen. Auf diese Weise hätten sie achtzehn Jahre lang gelebt. Als das Übel aber nicht nachgelassen, sondern sie immer mehr bedrängt habe, da habe der König aus allen Lydern zwei Gruppen gebildet und sie losen lassen, die einen zum Bleiben, die anderen zum Auszug aus dem Land, und zu der einen Gruppe, die das Daheimbleiben erloste, habe der König sich selber gesellt, zu der aber, die sich von der Heimat löste, seinen eigenen Sohn namens Tyrsenos. Die von ihnen, die das Los getroffen hatte, aus dem Land zu gehen, seien nach Smyrna hinuntergezogen und hätten Fahrzeuge gebaut; nachdem sie in diese alles verladen, was ihnen zur Seefahrt nötig war, seien sie auf Suche nach Lebensmöglichkeit und Land abgefahren. Nachdem sie an vielen Völkern vorbeigekommen, seien sie zu den Ombrikern (Umbrern) gelangt; dort hätten sie Städte gegründet und wohnten noch heute dort. Statt Lyder hätten sie sich nach des Königs Sohn genannt, der sie dorthin geführt habe. Nach ihm hätten sie ihren Namen gebildet und sich also Tyrsener genannt.«[1]

Bei den Griechen heißen die Etrusker *Tyrsenoí* oder *Tyrrhenoí,* nach denen auch das Tyrrhenische Meer an den Küsten Etruriens seinen Namen trägt. Die Römer bezeichneten sie als *Tusci* oder *Etrusci.* Sich selbst nannten die Etrusker *Rasenna* oder *Rasna.*

Trotz der märchenhaften Einkleidung behielt der Bericht Herodots in der Antike weitaus seine Gültigkeit. Auch sollen sich die Lyder noch in der römischen Kaiserzeit ihrer Verwandtschaft zu den Etruskern gerühmt haben. Das geht aus einem Bericht des römischen Historikers Tacitus (ca. 55–120 n. Chr.) hervor, der davon erzählt, daß sich die Gesandten Kleinasiens im Senat darum gestritten hätten, wer dem Kaiser Tiberius einen Tempel in seiner Stadt errichten dürfe. Die Bewohner der ehemaligen lydischen Königsstadt Sardes hätten dabei auf ihre Verwandtschaft mit den Etruskern verwiesen. Wörtlich heißt es bei Tacitus: »Die Sardianer verlasen ein Dekret der Etrusker, um ihre Stammverwandtschaft mit den Etruskern zu erweisen. Die Söhne des Königs Atys, Tyrrhenus und Lydus, hätten den Volksstamm wegen seiner Größe geteilt. Lydus sei im Heimatlande geblieben; Tyrrhenus sei durch das Los zum Gründer einer neuen Heimat ausersehen worden. Von diesen Führern hätten die beiden Volksstämme ihren Namen erhalten, die in Asien bleibenden Lyder, die nach Italien gewanderten Tyrrhener.«[2]

Dennoch blieb der Bericht Herodots in der Antike nicht unangefochten. Ihm widersprach Dionysios von Halikarnassos, ein griechischer Geschichtsschreiber und Rhetoriklehrer, der zur Zeit des Kaisers Augustus in Rom lebte. Er schrieb in seinen *Antiquitates Romanae,* seiner »Römischen Altertumskunde«: »Ich glaube nicht, daß die Tyrrhener aus Lydien eingewandert sind. Sie sprechen auch nicht dieselbe Sprache wie die Lyder, und niemand kann behaupten, daß sie irgendein Merkmal aufweisen, das aus ihrem angeblichen Heimatland stammen könnte. Sie beten nicht zu denselben Göttern wie die Lyder. Sie haben nicht dieselben Gesetze, und zumindest in dieser Hinsicht unterscheiden sie sich stärker von den Lydern als von den Pelasgern[3]. Daher stimme ich denjenigen bei, die meinen, die Etrusker seien nicht aus der Fremde gekommen, sondern ein einheimischer Stamm; meiner Ansicht nach scheint dafür die Tatsache zu sprechen, daß sie ein sehr altes Volk sind, das in Sprache und Sitte keinem anderen gleicht.«[4]

Dionysios von Halikarnassos meinte also, die Etrusker seien nicht eingewandert, sondern einheimisch, ureingesessen, autochthon.

Diese beiden unterschiedlichen Standpunkte bestimmen im Prinzip auch heute noch die gegensätzlichen Meinungen der Forscher. Die einen beharren auf dem Zuzug, nicht gerade aus Lydien, aber aus dem Osten, aus Kleinasien; die anderen halten die Etrusker für Einheimische, für Autochthone.

Die Wissenschaftler, welche die These der kleinasiatischen Herkunft vertreten, verweisen auf alles, was in Sprache, Religion, Sitte und Kunst auf eine Verwandtschaft zwischen den Etruskern und den orientalischen Völkern hindeutet.

Die Vertreter der These, daß die Etrusker Einheimische seien, erklären, sie gehörten zu jenen Völkern oder Volksgruppen, die von der großen indogermanischen Invasion kurz vor oder um 1000 v. Chr. überrollt wurden. Sie hätten aber überlebt und im 8.–7. Jahrhundert v. Chr. neue Bedeutung erlangt.

Um 1800 kam zu diesen beiden Thesen noch eine dritte hinzu: Man versuchte nachzuweisen, daß die Etrusker über die Alpen aus dem Norden gekommen seien, wobei man die Räter mit den Etruskern in Verbindung brachte, die sich selbst ja Rasenna nannten. Diese These ist inzwischen überholt, so daß wir hier nicht mehr auf sie eingehen wollen. Die Frage aber, ob die Etrusker aus dem Osten eingewandert oder Autochthone seien, wird noch immer lebhaft diskutiert.

In der Auseinandersetzung um die Herkunft der Etrusker spielt eine Grabstele eine Rolle, die 1885 bei französischen Ausgrabungen in der Nähe des Dorfes Kaminia auf der Insel Lemnos gefunden wurde. Die Stele zeigt einen barhäuptigen Krieger, der eine Lanze hält. Sie ist beschriftet mit einem Text, der – wie auch später aufgefundene Inschriftenfragmente – in einer Sprache abgefaßt ist, die Ähnlichkeit mit dem Etruskischen aufweist. Es handelt sich um ein Monument, das entstand, ehe die Griechen Lemnos unter Miltiades gegen Ende des 6. Jahrhunderts v. Chr. eroberten.

Vertreter der These von der Einwanderung der Etrusker aus dem Osten sahen ihre Auffassung bestätigt, da die Stele den Schluß zuläßt, daß von denen, die nach Westen aufgebrochen waren, etliche in Lemnos zurückgeblieben sind. Doch auch die, welche die Etrusker für autochthon hielten, fanden eine Erklärung: Warum sollte es nicht »ein vorindogermanisches gesamtmittelmeerländisches Substrat« gegeben haben, dem die Etrusker, aber auch die Lemner entstammten, die sich dann beide zur Zeit der großen indogermanischen Invasion zunächst einmal zurückgezogen hatten?

So brachten die Stele von Lemnos und die übrigen lemnischen Inschriften-Fragmente auch keine Klarheit. Allmählich erkannte man, daß man nach der Herkunft der Etrusker ebensowenig fragen kann wie nach der Herkunft der Franzosen oder Italiener, worauf als erster der italienische Etruskologe Massimo Pallottino hingewiesen hat.

Nach der Auffassung Pallottinos sollte man nicht nach der *Herkunft* der Etrusker, sondern nach dem *Werden ihrer Nation* fragen. Dann nämlich wird man erkennen, daß die Etrusker weder eingewandert noch autochthon sind, sondern daß sie – ähnlich wie die Franzosen in Frankreich – erst auf italischem Boden zu Etruskern geworden sind[5]. Dieser Prozeß fand seinen Abschluß etwa im 9. Jahrhundert v. Chr. Der deutsche Altertumsforscher Franz Altheim, der ähnliche Vorstellungen wie Pallottino entwickelt hat, sagt ausdrücklich: »Es soll nun keinesfalls bestritten werden, daß Tyrrhener aus Kleinasien herübergekommen und zum Aufbau Etruriens und seiner Kultur beigetragen haben.«[6] Aber die Tyrrhener sind nicht die Etrusker. Diese gibt es erst seit jener Zeit, in der sich verschiedene ethnische – auch tyrrhenische –, sprachliche, politische und kulturelle Elemente vereinigt haben und so auf dem Boden Italiens das Etruskertum entstehen ließen.

In diesem Sinn versteht auch der Verfasser des vorliegenden kleinen Buches die Etrusker als eine Nation, die sich auf italischem Boden gebildet hat, dort vom 9. bis 1. Jahrhundert v. Chr. lebte und eine eigene Sprache besaß, über deren Erforschung sich folgendes sagen läßt: In beinahe regelmäßigen Zeitabständen kann man in der Presse lesen, ein Wissenschaftler habe die etruskische Sprache enträtselt. Jedesmal erweist sich die Nachricht als Falschmeldung, wenigstens wenn man unter ›Enträtselung‹ das Auffinden eines Schlüssels versteht, mit dessen Hilfe man das Etruskische ebenso übersetzen kann wie das Griechische oder Lateinische. Es wäre aber auch falsch zu behaupten, wir wüßten von der etruskischen Sprache gar nichts. Wir können die etruskische Schrift mühelos lesen. Wir kennen das etruskische Alphabet und den Lautwert der Buchstabenzeichen, denn die Etrusker haben ihr Alphabet von den Westgriechen übernommen und verwandten es bereits im 7. Jahrhundert v. Chr.[7], was eine aus dieser Zeit stammende elfenbeinerne Schreibtafel beweist (Abb. 1). Die Tafel,

1 Schreibtafel aus Marsiliana d'Albegna. 7. Jh. v. Chr. Florenz, Museo Archeologico Nazionale

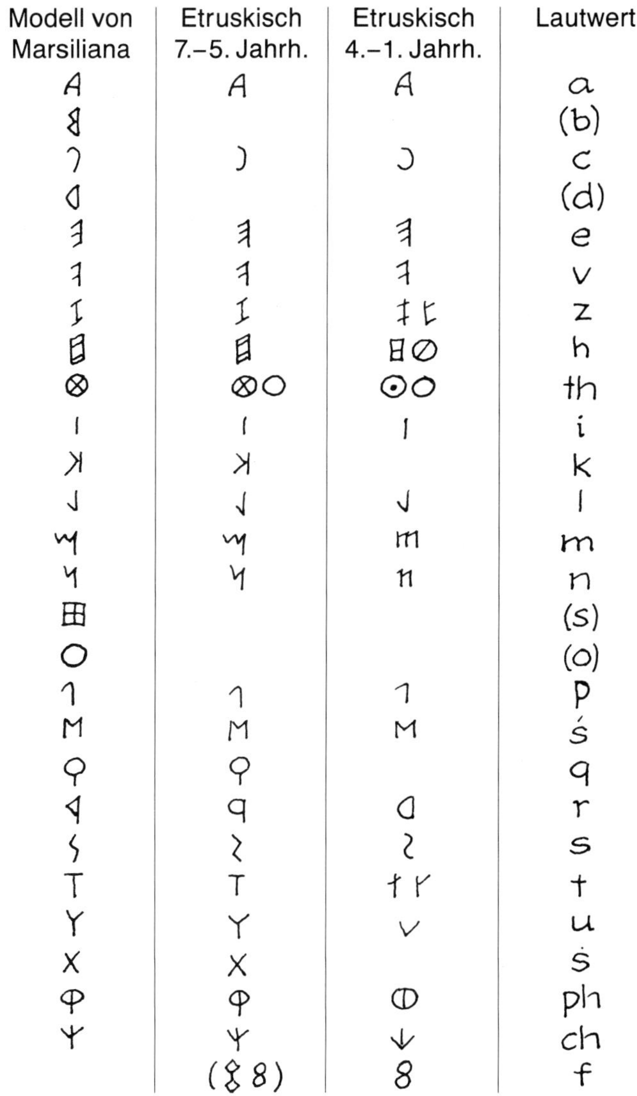

2 Das Modell von Marsiliana nach griechischem Vorbild und das etruskische Alphabet

die man in Marsiliana d'Albegna fand und im Archäologischen Museum in Florenz aufbewahrt, weist noch Wachsreste und Schreibspuren auf und ist von einem Rand umschlossen, in den das von den Etruskern übernommene griechische Alphabet eingeritzt ist.

Dieses wandelte sich allerdings im Laufe der Jahrhunderte. Ein Schema macht dies deutlich (Abb. 2): Der Wandel in der Schreibart der Buchstaben zeigt sich beispielsweise beim Theta (Th), beim My (M), beim Ny (N) und beim Rho (R). Manche Buchstaben fehlen auch im Etruskischen, zum Beispiel das Beta (B), das Delta (D) und das Omikron (O). Offensichtlich brauchten die Etrusker diese Buchstaben nicht, weil die entsprechenden Laute bei ihnen nicht vorkamen. Einen Buchstaben haben sie im 6. Jahrhundert v. Chr. auch selbst hinzugefügt: das F, das wie eine 8 aussieht.

Was nun die Sprache angeht, so wäre festzuhalten, daß man unter den bekannten Sprachen historischer Zeit bisher noch keine gefunden hat, die mit dem Etruskischen verwandt ist. Darum läßt sich auch bei der Erforschung nicht die *etymologische* Methode anwenden. Es gibt auch keine Bilinguen, keine zweisprachigen Texte, wenigstens keine brauchbaren. Gewiß, man hat mehr als 25 Inschriften mit etruskischem und lateinischem Text gefunden – und man findet immer wieder weitere –, aber es handelt sich dabei zumeist um Grabinschriften, die vor allem aus Eigennamen bestehen, so daß sie der Sprachforschung nur wenig weiterhelfen.

Auch bei dem Fund, den man 1964 in Pyrgi, dem heutigen Santa Severa, gemacht hat, kann man nicht von einer echten Bilingue sprechen. Dort hat man zwischen zwei neu ausgegrabenen Tempeln drei Goldbleche (Abb. 3) aus der Zeit um 500 v. Chr. gefunden, von denen zwei eine etruskische und eines eine punische Inschrift tragen. Die etruskischen Texte sind von verschiedener Länge. Der längere entspricht dem punischen Text, und er berichtet von Thefarie Velianas, dem König von Caere, daß er der punischen Göttin Astarte, die der etruskischen Uni gleichgesetzt wird, aus Dank für ihren Schutz einen Tempel geweiht habe. Im Gegensatz zur, wohl später entstandenen, kürzeren etruskischen Inschrift, die Kultfragen behandelt, stammen die längere etruskische und die punische offensichtlich aus derselben Zeit. Trotzdem kann man nicht von einer Bilingue sprechen. Der

3 a–c Goldbleche aus Pyrgi. Um 500 v. Chr. Rom, Villa Giulia ▷

3 a) mit punischer Inschrift

3b) mit längerer etruskischer Inschrift

3 c) mit kürzerer etruskischer Inschrift

punische und der etruskische Text sagen zwar das gleiche aus, aber der eine ist nicht die Übersetzung des anderen. Es handelt sich also nur um eine Quasi-Bilingue, auch wenn das eine oder andere etruskische Wort durch den Vergleich mit dem punischen Text übersetzbar wird.

Bis zu einem gewissen Grade ist die Wissenschaft dennoch in das Etruskische eingedrungen, und zwar durch die sogenannte *kombinatorische* Methode. Sie »schließt von der Art des Denkmals auf den Inhalt des Textes und kombiniert die Belegstellen einzelner Wörter und Formeln, bis sich ein befriedigender Sinn ergibt«[8]. Als hilfreich erweisen sich dabei jene etwa 60 etruskischen Wörter, die man in den verschiedensten griechischen und lateinischen Texten gefunden hat, in denen auch ihre Übersetzung angegeben wird, wie zum Beispiel bei Livius, wo es heißt: »Im Etruskischen wird ein Schauspieler ›Hister‹ genannt. Darum bekamen auch die einheimischen Künstler den Namen ›Histrio‹.«[9] Als weiteres Beispiel sei eine Stelle aus Sueton angeführt, die von den Todesvorzeichen für den Caesar Augustus berichtet: »Zur gleichen Zeit wurde durch einen Blitzstrahl aus der Inschrift seiner Statue der erste Buchstabe seines Namens weggeschmolzen. Die befragten Zeichendeuter gaben zur Antwort, er werde nur noch hundert Tage leben, denn diese Zahl bedeutet der Buchstabe C, und er werde unter die Götter aufgenommen werden; *aesar* nämlich, der Rest des Namens Caesar, heißt auf etruskisch so viel wie Gott.«[10]

Da es keinen Schlüssel für das Etruskische gibt, müssen die Wissenschaftler mit Fleiß und unendlicher Geduld die griechische und römische Literatur nach Übersetzungen und Erklärungen einiger etruskischer Worte durchsuchen, sie müssen aber vor allem die etruskischen Texte selbst prüfen, alles aus Geschichte, Archäologie und römischer wie griechischer Literatur heranziehen, was von der Sache her zur Aufklärung beitragen kann; sie müssen die Wörter und Texte vergleichen, kombinieren und das Gefolgerte immer wieder überprüfen. Auf diese Weise ist man in der Erkenntnis der etruskischen Sprache ein gutes Stück vorangekommen. Von mehr als 160 Wörtern weiß man heute – teils genau, teils ungefähr –, was sie bedeuten. Auch dringt man ständig mehr in die Gesetze der Grammatik ein.

Die Sprachforschung kann sich auf nur wenige Texte stützen. Es gibt keine Literatur; sie ist vollständig verloren. Was wir besitzen, sind vor allem mehr als 10 000 Epigraphe – Inschriften –, die man in Gräbern

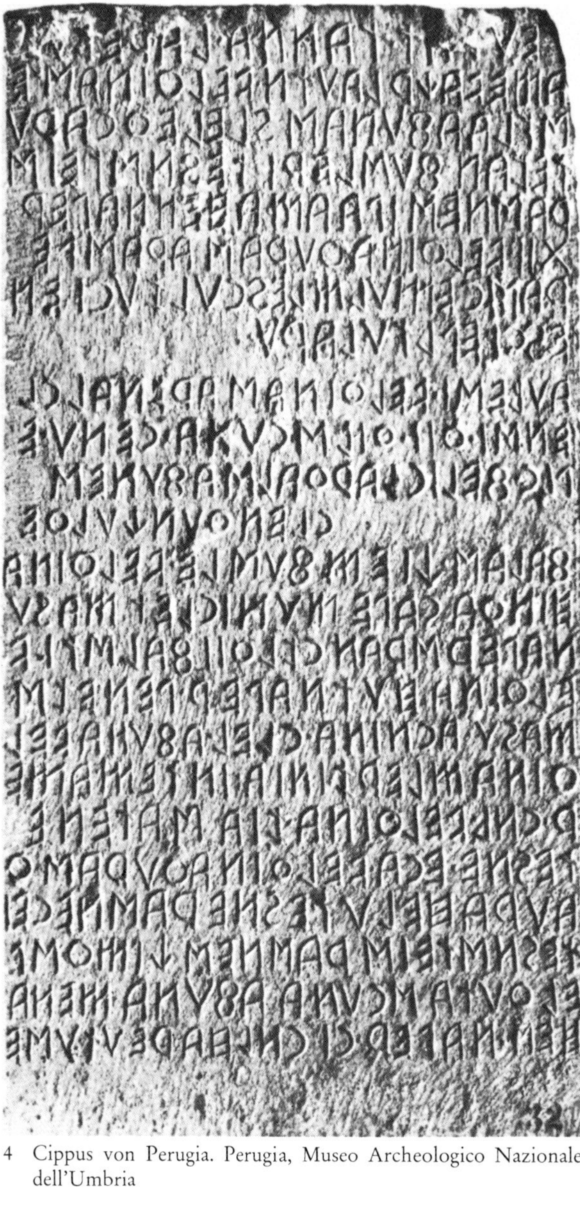

4 Cippus von Perugia. Perugia, Museo Archeologico Nazionale dell'Umbria

aller Art, auf Urnen, Plastiken, Vasen und Ziegeln gefunden hat. Sie sind meist kurz und für die Forschung darum nicht sehr ergiebig. Es gibt auch einige längere Texte, so z.B. eine aus etwa 80 Wörtern bestehende, stark beschädigte Inschrift auf einem Band aus Bleiblech, das man bei Santa Marinella gefunden hat, oder ein Bleiplättchen aus Magliano mit mehr als 70 Wörtern. Bedeutender für die Forschung sind die Texte, die sich auf dem Cippus von Perugia und auf der Tontafel von Capua befinden.

Die Inschrift auf dem Cippus von Perugia (Abb. 4) verteilt sich auf die Vorder- und eine Seitenfläche und besteht aus 46 Zeilen mit 130 Wörtern. Offensichtlich geht es um eine juristische Angelegenheit, vielleicht um eine Schenkungsurkunde oder um einen Kaufvertrag zwischen den Familien Velthina und Afuna. Jedenfalls spielt das Grab der Velthina dabei eine Rolle.

Die Tontafel von Capua, die sich heute in Berlin befindet, enthält sogar trotz ihrer starken Zerstörung noch 62 Zeilen mit etwa 300 lesbaren Wörtern. Es handelt sich hier um einen schwer verständlichen Text, anscheinend ein Opferverzeichnis.

Das seltsamste und längste Schriftendokument aber besteht in einer Leinenrolle, die man in Ägypten in ptolemäischer oder römischer Zeit zum Einwickeln einer weiblichen Mumie (Abb. 5) verwandt hat. Zu diesem Zweck zerschnitt man die Rolle in Teile, wobei einige Stücke verlorengingen. Es blieb aber immer noch so viel übrig, daß wir über einen Text von 1200 Wörtern verfügen (Abb. 6). Im 19. Jahrhundert wurde die Mumie von einem kroatischen Reisenden nach Europa gebracht und schließlich dem Nationalmuseum in Agram (heute Zagreb) geschenkt. Erst hier entdeckte man, daß die Schrift auf der Binde etruskisch ist. Nach Agram bekam die Mumienbinde auch ihren Namen. Eigentlich handelt es sich um ein *liber linteus,* ein Buch auf Leinwand, und zwar um ein Buch rituellen Inhalts, genauer: um ein Ritual in Kalenderform, das die Zeremonien für bestimmte Gottheiten an festgelegten Daten beschreibt.

Damit ist in großen Zügen das Wesentlichste über Schrift und Sprache gesagt. Es soll noch ein kurzer Überblick über die etruskische Geschichte folgen, der aber nur auf die Gesamtentwicklung gerichtet ist.

Die etruskische *Geschichte* beginnt – wie bereits erwähnt – nicht vor dem 9. Jahrhundert v. Chr. Über verläßliche Daten verfügen wir aber

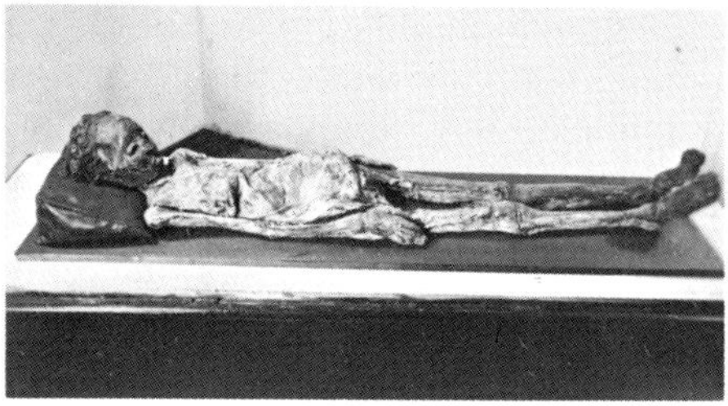

5 Agramer Mumie. Zagreb, Nationalmuseum

6 Teile der Agramer Mumienbinde
mit etruskischem Text

erst seit der Zeit um 600. Damals herrschte in Rom ein etruskischer König, und zwar Tarquinius Priscus, dem zwei weitere Etruskerkönige – Servius Tullius und Tarquinius Superbus – folgten. In der 1. Hälfte des 6. Jahrhunderts wurde vermutlich auch der etruskische Zwölfstädtebund gegründet, zu dem wahrscheinlich folgende Städte gehörten: Veii, Caere, Tarquinii, Volci, Rusellae, Vetulonia, Volaterrae, Arretium, Cortona, Perusia, Clusium, Volsinii (Abb. 7).

Bei den Etruskern war jede Stadt – oder sagen wir besser: jeder Stadtstaat – politisch selbständig. An der Spitze eines solchen Stadtstaates stand ein Priesterkönig, den die Römer *lucumo* nannten und dessen Gewand mit einem Purpurstreifen verziert war. Im Amt saß er auf einem Elfenbeinsessel, und auf der Straße begleiteten ihn Liktoren, welche zum Zeichen seiner Macht *fasces* trugen: Rutenbündel mit einem Beil.

Die Repräsentanten der Stadtstaaten trafen sich alljährlich bei Volsinii, also bei Bolsena, um ihr Bundesoberhaupt zu wählen und um über Fragen, die alle angingen, zu beraten. Treffpunkt war das *fanum voltumnae,* das Heiligtum des Voltumna, einer Gottheit, die bei den Römern als Vortumnus oder Vertumnus verehrt wurde. So hatte die Zusammenkunft auch religiösen Charakter und stellte sich als großes Fest dar, bei dem Wettkämpfe, Spiele und Aufführungen stattfanden.

Die Macht der Etrusker nahm im 6. Jahrhundert beständig zu. Sie beherrschten das Tyrrhenische Meer, gewannen nach dem Sieg bei Alalia (Aleria) Einfluß auf Korsika, drangen im Norden in die Po-Ebene und bis an die Adria vor, während sie im Süden ihre Macht bis Capua, ja darüber hinaus, ausdehnten. Nach dem Vorbild des Städtebundes in Mittelitalien entstanden ähnliche Zusammenschlüsse nun auch im Norden und im Süden.

Die Vertreibung des Etruskerkönigs Tarquinius Superbus aus Rom um 510 v. Chr. und die Umwandlung der Monarchie in eine Republik waren auch für die übrigen Etrusker von großer Bedeutung. Diese begannen nun, ihre von Königen regierten Stadtstaaten ebenfalls in Republiken umzubilden. Außerdem war das Ende des etruskischen Königtums in Rom, das sich auch durch die vorübergehende Machtergreifung Porsennas, des Königs von Clusium, nicht abwenden ließ, der Anfang des Niedergangs etruskischer politischer Macht.

Zuerst ging die bis dahin eindeutige Vorherrschaft der Etrusker im Tyrrhenischen Meer verloren. Im Jahre 474 wurden sie in der See-

Ortsnamen in

italienisch	lateinisch	etruskisch
Arezzo	Arretium	?
Bologna	Bononia	felsina
Bolsena	Volsinii	velzna-
Capua	Capua/Volturnum	capeva
Cerveteri	Caere	chaisr(i)e
Chiusi	Clusium	clevsin-/camars
Civita Castellana	Falerii Veteres	
Cortona	Cortona	Curtun-
Fiesole	Faesulae	vi(p)sul-
Mantova	Mantua	manthva- ?
Marzabotto	?	misa ?
Modena	Mutina	mutina ?
Orvieto	Urbs vetus	?
Palestrina	Praeneste	
Perugia	Perusia	per(u)sna, phersna ?
Populonia	Populonia	pupluna/fufluna
Roma	Roma	ruma
Roselle	Rusellae	?
S. Severa	Pyrgi	?
Siena	Saena	saena ?
Tarquinia	Tarquinii	tarchna, tarchuna
Tuscania	Tuscana	tusc(a)na ?
Veio	Veii	veia ?
Vetulonia	Vetulonia	vatluna, vetluna
Volterra	Volaterrae	velathri
Vulci	Volci	velc(a)l, velch

7 Die Apenninen-Halbinsel mit den Hauptorten etruskischer Kultur

schlacht von Cumae, in der Nähe von Neapel, von den Großgriechen unter Hieron I. von Syrakus geschlagen. Dieser Sieg ermöglichte es den Syrakusanern etwa 20 Jahre später, die Küsten Etruriens und Korsikas zu plündern.

Waren zur See die Griechen Unteritaliens und Siziliens die Feinde Etruriens, so waren es zu Lande die immer mehr erstarkenden Römer. Schon 483 begann der erste Krieg zwischen Rom und dem nahe gelegenen etruskischen Veii. Die im Süden ansässigen Etrusker dagegen wurden von den italischen Samniten bedroht, so daß sie Capua nicht über das Jahr 421 hinaus halten konnten.

Das 4. und das 3. Jahrhundert v. Chr. standen im Zeichen der Eroberung mittelitalischer Etruskerstädte durch die Römer, auch wenn die meisten von ihnen sich durch Bündnisse mit Rom oder auch mit dessen Gegnern am Leben zu erhalten versuchten, was ihnen jedoch nur für kurze Zeit gelang.

Zu Beginn des 4. Jahrhunderts drangen die Kelten in Norditalien ein, so daß auch hier die etruskische Macht gebrochen wurde. Spätere Bündnisse mit keltischen Stämmen änderten daran nichts.

Wenn auch die Etrusker in den letzten zwei Jahrhunderten vor Christi Geburt noch bedeutende kulturelle Leistungen hervorbrachten, so hatten sie ihre Rolle auf politischem Gebiet ausgespielt. Rom beherrschte die Apenninen-Halbinsel. Die Etrusker teilten das Schicksal der Italiker. Mit ihnen bekamen aber auch die Bewohner der meisten Etruskerstädte nach dem Bundesgenossenkrieg 91–88 v. Chr. das römische Bürgerrecht. In dem sich daran anschließenden Bürgerkrieg zwischen den Optimaten unter Sulla und den Popularen unter Marius kämpften viele Etrusker als Freiwillige auf der Seite von Marius, wofür sich Sulla nach seinem Sieg bitter rächte.

Durch Augustus wurde Etrurien fest in das Römische Imperium eingefügt. Bei seiner Aufteilung Italiens in 11 Regionen machte er Etruria zur Regio VII.

Leben bei den Toten

Wie in der Einleitung ausgeführt, lernt man das Leben der Etrusker vor allem in den Nekropolen, den Totenstädten, kennen. Auch die Häuser der Toten wurden den Häusern der Lebenden nachgebildet. Will man aber wissen, wie die Städte angelegt waren, muß man dorthin gehen, wo die Archäologen die Grundmauern ganzer Stadtteile ausgegraben und markiert haben.

Ein besonders anschauliches Bild einer etruskischen Stadtanlage bietet sich in Marzabotto (Abb. 8 und 9). Diese Stadt, die um 500 v. Chr. entstanden ist, hieß vermutlich in der Antike Misa (vgl. Abb. 7). Heute ist ein Teil des alten Stadtgeländes verschwunden, weil es durch Erosion des Reno-Flusses abgesunken ist. Man kann aber noch gut das Schema von Cardo und Decumanus erkennen, nach dem Etruskerstädte angelegt wurden und das im religiösen Ritual begründet ist (vgl. das Kapitel *Leberschau und Blitzdeutung*).

Die Ausgrabungen lassen auch das Schema erkennen, nach dem die Häuser gebaut waren. Die Mitte des Hauses bildete zumeist ein Hof, um den herum die einzelnen Zimmer angelegt waren. Es zeichnet sich ab, welche Räume als Werkstätten und Magazine verwendet wurden. Ja sogar Reste eines Keramikofens und der alten Kanalisation hat man gefunden.

Auf der Akropolis konnte man die Fundamente von drei Tempeln und einen Altar ausgraben. Auch wenn die aus Holz gebauten Tempel die Jahrtausende nicht überdauerten, so blieben doch ihre steinernen Podien und Fundamente erhalten.

Fundamente etruskischer Tempel findet man noch mancherorts in Italien, so auch in Tarquinia, einer der bedeutendsten Städte Etruriens. Die alte Stadt liegt nicht unter dem heutigen Tarquinia, das bis in unser Jahrhundert hinein Corneto hieß, sondern in einiger Entfernung auf einer Hochebene, dem Piano di Civita. Bei den Etruskern

8 Reste von Marzabotto

trug sie den Namen Tarchna oder Tarchuna, bei den Römern den Namen Tarquinii.

Der Tempel, von dem noch das Fundament erhalten ist, stammt aus dem 4.–3. Jahrhundert v. Chr. und wird »Ara della Regina« genannt (Abb. 10). Darüber hinaus ist noch ein Teil der antiken Ringmauer erhalten. Auch Reste von Wohnhäusern hat man entdeckt, die aus vergänglichem Material gebaut waren und die Zeiten nicht überdauert haben.

Anders als mit den Häusern der Lebenden verhält es sich in Tarquinia mit den Häusern der Toten. Sie wurden aus dem Stein herausgeschlagen und haben sich bis in die Gegenwart hinein erhalten. Die Nekropole liegt weit außerhalb der alten Stadt. Die Grabhäuser, die Tomben, sind unterirdisch angelegt. Eine Treppe führt zu ihnen hinab. Früher war das unterirdische Grabhaus oberirdisch durch einen Tumulus, eine kegelförmige Erdaufschüttung, gekennzeichnet. Heute erkennt man die Eingänge zu den bedeutendsten Tomben an Häuschen, die man über den Treppeneingängen errichtet hat (Abb. 11).

Es ist ganz erstaunlich, wie groß die Totenstadt von Tarquinia gewesen ist. Schon 1839 waren bereits etwa 2000 Gräber erforscht. Bis 1971 wurden weitere 5735 Tomben entdeckt, dank der seit 1956 angewandten geophysikalischen Methode. Bei dieser Methode wird der elektrische Widerstand des Bodens gemessen um festzustellen, wo sich unter der Erde Hohlräume, also Grabkammern, befinden. Dann wird ein Periskop mit einer Lampe in den Boden eingelassen, so daß man die

9 Stadtplan des alten Marzabotto

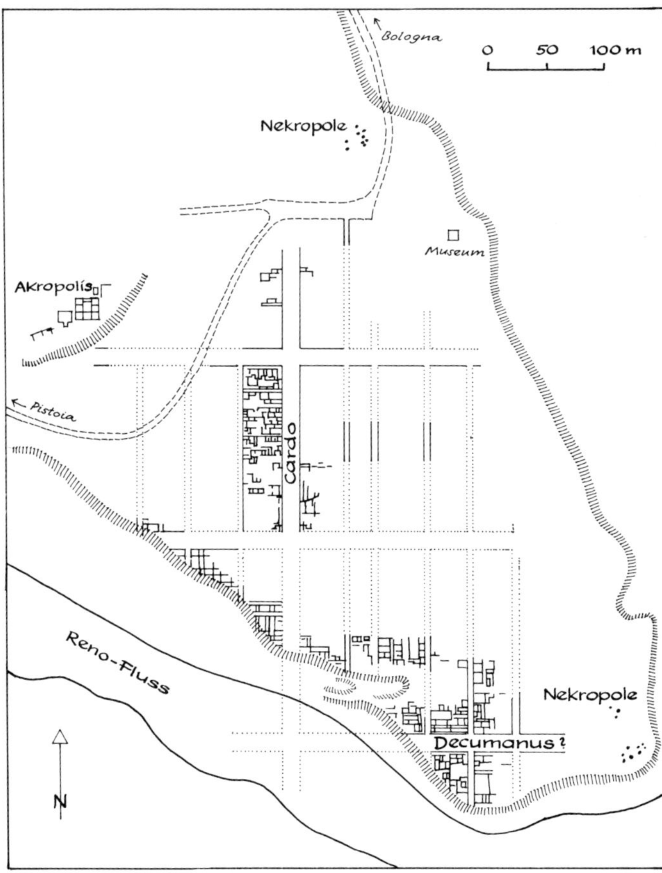

10 Tempelfundament, genannt »Ara della Regina«, auf dem Piano di Civita von Tarquinia. 4.–3. Jh. v. Chr.

jeweilige Tomba von allen Seiten ansehen kann, ohne sie zu öffnen. Eine Ausgrabung wird vor allem dann begonnen, wenn durch das Periskop Wandmalereien entdeckt werden. Es gibt sie – gemessen an der Gesamtzahl der aufgefundenen Tomben – nur in wenigen Grabkammern. Sie setzten schließlich auch einen gewissen Wohlstand der Grabbesitzer voraus.

Alle Tomben haben den Charakter eines Hauses, weil man davon überzeugt war, daß der Tote mit einem Teil seiner Individualität hier weiterlebe. Man schlug das Totenhaus zwar aus dem unterirdischen Kalkgestein heraus, gab ihm aber die Form eines oberirdisch gebauten Hauses, so daß wir durch die unvergänglichen Totenhäuser wissen, wie die vergänglichen Häuser der Lebenden ausgesehen haben.

Ein treffliches Beispiel dafür bildet die Tomba del Barone (Abb. 12), die ursprünglich nach ihren Entdeckern »Tomba del Barone Stackelberg e del Ministro Kestner« genannt wurde. Kestner war Hannoverscher Gesandter beim Heiligen Stuhl. Sein Vater war mit Charlotte

Buff verheiratet, mit Goethes Lotte, die den Anlaß zum *Werther* gegeben hat.

Die Tomba del Barone, die am Ende des 6. Jahrhunderts v. Chr. angelegt wurde, stellt sich als großer, viereckiger Raum dar, der mit einem Satteldach gedeckt ist. Dadurch ist ein Giebelfeld entstanden, in das hinein Hippokampen gemalt sind, Seepferde, die durch den wunderbaren Rhythmus ihrer Linien auffallen. Sie werden von Delphinen umspielt. Von dem Friesstreifen wird noch in anderem Zusammenhang die Rede sein. Zu beachten bleibt der breite rote Deckenstreifen, der den hölzernen Firstbalken in den Häusern der Lebenden imitieren sollte.

Noch aufschlußreicher ist die Art, in der sich die Architektur der Lebenden in der Nekropole von Cerveteri widerspiegelt. Ehe wir uns aber einzelnen Totenhäusern zuwenden, wollen wir einen Blick auf einen Teil der Gesamtanlage werfen, in der Tumuli beieinanderstehen,

11 Heutige Eingänge zu etruskischen Tomben in Tarquinia

12 Tomba del Barone. Ende 6. Jh. v. Chr. Tarquinia

die in der Zeit vom 7. bis zum 5. Jahrhundert v. Chr. errichtet worden sind (Abb. 13). Ein Tumulus besteht aus einem runden Sockel und einer Erdaufschüttung. Den Sockel hat man aus dem Tuffgestein herausgeschlagen oder aufgemauert; er ist oft mit einem Schmuckfries verziert. Die Erdaufschüttung wurde bepflanzt und fügte sich so organisch in die Landschaft ein (Farbabb. 1). Die Tumuli waren verschieden groß und bargen zumeist mehrere Totenkammern. Typisch dafür ist der Tumulus II in der sogenannten monumentalen Zone. In ihm befinden sich vier Totenwohnungen: die Tomba della Casa con tetto stramineo – auch Tomba della Capanna genannt –, die Tomba dei Letti funebri, die Tomba dei Dolii und die Tomba dei Vasi greci (Abb. 14).

Wohl aus dem 7. Jahrhundert v. Chr. stammt die Tomba della Casa con tetto stramineo (Abb. 15). Sie ist, wie ihr Name besagt, einem Haus mit einem Strohdach nachgestaltet und erinnert somit an die Bauweise Italiens in der Frühzeit. Sie gibt Zeugnis von den Wohnungen der

13 Teilansicht der Nekropole von Cerveteri

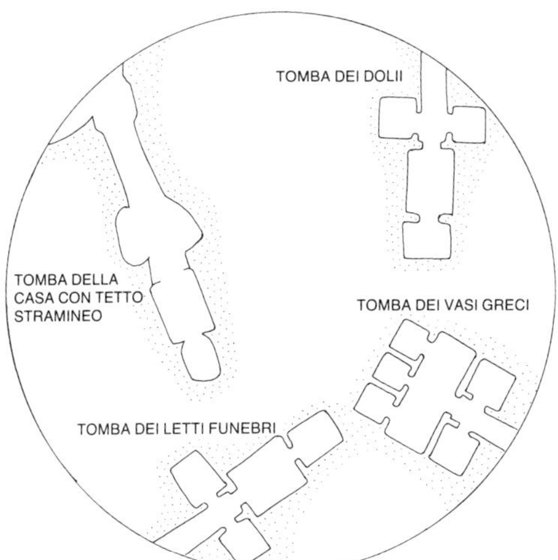

14 Tumulus II in der ›monumentalen Zone‹ der Nekropole von Cerveteri

15 Tomba della Casa con tetto stramineo (auch Tomba della Capanna genannt) im Tumulus II der Nekropole von Cerveteri. 7. Jh. v. Chr.

Lebenden im 8. und wohl auch noch im 7. Jahrhundert v. Chr. Wenn auch die Bänke an den Wänden hier als Totenbetten gedient haben, entspricht die Gesamtanlage doch einem zeitgenössischen Haus in Hüttenform, wie man es in Südetrurien und Latium baute. Sein Gerüst bestand aus Holzstämmen, seine Wände zumeist aus einem Weidengeflecht, das mit Lehm beworfen war, während das Dach mit Stroh gedeckt wurde. Eine gute Vorstellung von einem solchen Haus in Hüttenform geben die Aschenurnen des 8. Jahrhunderts v. Chr. wie jene aus der Nekropole dell'Osteria in Vulci (Abb. 16). Über das Dach ragen die Balken hinweg, die Wände sind mit geometrischen Mustern verziert, und die Tür ist herausnehmbar. Schon in der Zeit also, als man die Toten noch verbrannte, schuf man für ihre Asche kleine Häuser, die jenen der Lebenden glichen. Sogar auf die Dachöffnungen, die in den primitiven Behausungen zur Lüftung und zum Abziehen des Rauches dienten, verzichtete man bei den Hausurnen nicht.

Wie die Entwicklung im etruskischen Hausbau weitergegangen ist, erkennt man, wenn man sich im Tumulus II in Cerveteri eine Kammer der Tomba dei Letti funebri, der Tomba der Totenbetten, ansieht, die vermutlich im beginnenden 6. Jahrhundert v. Chr. entstanden ist (Abb. 17). Aus der Hütte ist ein Haus mit nahezu rechteckigem Grundriß geworden. Es trägt ein flaches Satteldach, und der große hölzerne Firstbalken ist in Stein nachgebildet. Auch Tür und Fenster wurden den Häusern der Lebenden dieser Zeit nachgeformt; aber an die Stelle der Betten sind Totenbetten getreten.

16 Hüttenurne aus der Nekropole dell'Osteria in Vulci. 8. Jh. v. Chr. Rom, Villa Giulia

17 Tomba dei Letti funebri im Tumulus II der Nekropole von Cerveteri. Anfang 6. Jh. v. Chr.

18 Cippen vor einer Tomba in Cerveteri

Die hier sichtbaren Totenbetten waren für Frauen bestimmt. Für sie schlug man aus dem Tuffgestein große Kästen mit kompakten Giebeln heraus, die ein Haus symbolisieren sollten. Warum schuf man aber für die Frauen in den großen Totenhäusern noch einmal kleinere Häuser als letzte Ruhestätte? Offensichtlich, weil das Haus das besondere Symbol der Frau war. Das Haus galt als ihr Bereich, während der Mann außerhalb des Hauses seinen Wirkungskreis hatte. Darüber hinaus sah man im Haus wohl auch ein weibliches Geschlechtssymbol, das auf den Uterus hindeutet.

Das Symbolbild des Hauses befand sich in anderer Form auch vor dem Tomben-Eingang. Es wurde nämlich in Cerveteri mit der Zeit üblich, vor den Grabeingängen Steinkästen mit Vertiefungen aufzustellen, in die hinein Cippen gesetzt wurden (Abb. 18), die den Namen der hier begrabenen Toten trugen. Dabei hatte der Cippus einer Frau die Gestalt eines Häuschens, während der eines Mannes die Form einer kleinen Säule aufwies. Es handelt sich auch hier offensichtlich um ein Geschlechtssymbol, um das Sinnbild des Phallus, in dem der *genius* als männliche Zeugungskraft anschaulich wird.

Das Totenbett des Mannes läßt nichts Symbolhaftes erkennen. Man gestaltete es nach dem Vorbild des häuslichen Bettes: Es besteht aus einem Bettkasten mit vier säulenförmigen Beinen; auf der Liegefläche zeichnet sich ein Halbkreis für das Kopfkissen ab.

Die beiden übrigen Tomben im Tumulus II interessieren uns vor allem wegen der hier aufgefundenen Grabbeigaben. Weil man glaubte, daß die Menschen mit einem Teil ihrer Individualität im Grab weiterlebten, gab man ihnen das, was sie im Leben besessen und gebraucht hatten, in ihr Totenhaus mit: Speise und Trank, Geschirr, Hausgerät, Schmuck, Waffen, manchmal sogar Wagen, Weihebilder, Thronsessel und dergleichen mehr. Fast alles, was heute in etruskischen Museen aufbewahrt wird, stammt aus Gräbern.

In der Tomba dei Dolii im Tumulus II, die nach den Dolien, den großen, hier aufgefundenen Vorratsgefäßen, benannt wurde, konnte man bis zum Grabraub im Jahre 1964 noch wunderschöne Krüge und Weinamphoren an Ort und Stelle betrachten.

Was man aber in der Kammer links vom Eingang bei ihrer Öffnung im Jahre 1910 vorfand, zeigt, was alles man einer vornehmen Dame ins Grab mitgab. Es befanden sich hier außer vielerlei Vasen kleine ägyptische Figuren, Schmuck und Geräte aus Gold, Parfümbehälter,

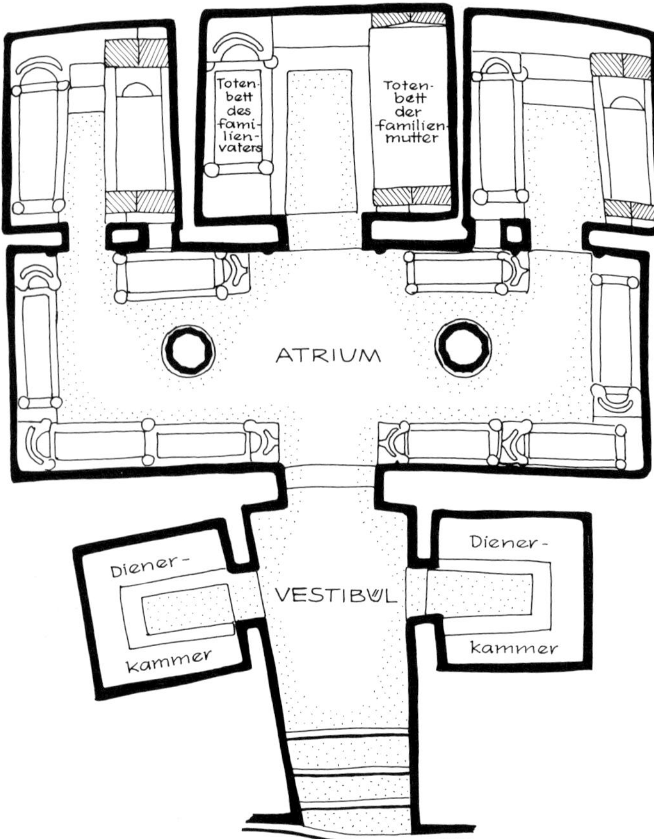

19 Tomba dei Capitelli. Grundriß. 2. Hälfte 6. Jh. v. Chr. Nekropole von Cerveteri

Schmuckdosen, Küchengeräte und all das, was man zum Decken einer festlichen Tafel brauchte. In der vierten Tomba des Tumulus II, der Tomba dei Vasi greci, war, wie schon der Name besagt, eine ganze Sammlung griechischer Vasen den Bestatteten mitgegeben worden. Es handelt sich um ungefähr 150 attische schwarz- und rotfigurige Vasen des strengen Stils, von denen einige Stücke sogar von dem berühmten Meister Nikosthenes stammen.

Die Tomba dei Vasi greci, die am Ende des 6. Jahrhunderts v. Chr. entstand, zeigt, wie die Totenkammern immer mehr zu Totenwohnungen wurden. Betrachtet man den Grundriß von Tumulus II (Abb. 14) unter diesem Gesichtspunkt, so erkennt man, daß die Tomba della Casa con tetto stramineo aus dem 7. Jahrhundert v. Chr. im wesentlichen noch aus einer großen Kammer bestand, während die zu Beginn des 6. Jahrhunderts v. Chr. ausgehauenen Tomben dei Letti funebri und dei Dolii, abgesehen von je einer Hinterkammer, jeweils drei Kammern vereinigten, zu denen man vom Korridor aus gelangte. Bei der Tomba dei Vasi greci aber führt der Korridor zu zwei Seitenkammern und einem Hauptraum nach Art eines Atriums, von dessen Rückwand drei kleine Kammern ausgehen, so daß die Gesamtanlage eine beinahe quadratische Form hat.

Dieses Schema wiederholt sich, allerdings in abgewandelter Form, in der Tomba dei Capitelli, die ebenfalls in der 2. Hälfte des 6. Jahrhunderts v. Chr. entstanden und von einem kleinen Tumulus überdeckt ist (Abb. 19). Vom Vestibül gehen rechts und links zwei Kammern ab, die mit steinernen Bänken für Diener ausgestattet sind. Dann betritt man das Atrium, in dem Totenbetten für Männer stehen. An seiner Rückseite befinden sich drei Räume, in denen jeweils links ein Totenbett für einen Mann und rechts eines für eine Frau aus dem Felsgestein herausgeschlagen sind. Offensichtlich war die mittlere Kammer für den Familienvater und seine Gattin bestimmt.

Den Hauptraum des etruskischen Hauses bildete das Atrium. Hier stand der Herd, weshalb man *atrium* von *ater* = rauchgeschwärzt ableitete, während andere den Namen auf die etruskische Stadt Atria zurückführten. Auch den Toten, die aus vornehmen Häusern stammten, schuf man ihr Atrium; und man stattete es genauso schön aus wie die Atrien der Wohnhäuser in der Stadt.[11] In der Tomba dei Capitelli (Abb. 20) haben die Türen portalartige Umrahmungen, und in die Wände sind Fenster eingeschnitten. Die Decke der Tomba ahmt in Stein das nach, was man daheim als Holzkonstruktion besaß. Es fehlen auch nicht die Deckenverzierung und die Pfeiler, die in den Häusern die großen Holzbalken abstützten. Ihre Kapitelle, die der Tomba ihren Namen gegeben haben, sind mit Voluten in äolischem Stil geschmückt.

Als weiteres Bild eines Atriums in der Nekropole des alten Caere soll jenes in der Tomba degli Scudi e delle Sedie, der Tomba der Schilde und Sessel, gezeigt werden (Abb. 21). In diesem Atrium befindet sich sogar

20 Tomba dei Capitelli. Blick vom Atrium in die Hauptkammer. Nekropole von Cerveteri

21 Atrium der Tomba degli Scudi e delle Sedie. 1. Hälfte 6. Jh. v. Chr. Nekropole von Cerveteri

in Stein nachgebildetes Mobiliar. Rechts und links von der Mitteltür stehen Sessel mit einer halbkreisförmigen Rückenlehne und einem Fußschemel, während die Wände durch große, kreisrunde Schilde dekoriert sind. Die in der 1. Hälfte des 6. Jahrhunderts v. Chr. angelegte Tomba weist auch noch Farbspuren auf, was in der Nekropole von Cerveteri verhältnismäßig selten ist.

So gewinnt man beim Besuch etruskischer Grabhäuser eine ziemlich genaue Vorstellung von den Häusern der Lebenden, besonders von jenen der Oberschicht.

22 Grabtür der Tomba del Colle. 5. Jh. v. Chr. Chiusi

Allein die Türen der Tomben werden eine nur sehr entfernte Ähnlichkeit mit den Wohnhaustüren gehabt haben. Die Grabtüren waren nicht dazu bestimmt, oftmals geöffnet zu werden wie Haustüren. Vor allem beim Einzug eines neuen Toten sollten sie sich auftun. Sonst hatten sie das Grabhaus zu verschließen. Darum waren sie massiv und schwer zu bewegen. Wir können uns eine Vorstellung von solchen Grabtüren machen; denn die Tür der Tomba del Colle in Chiusi, die im 5. Jahrhundert v. Chr. angelegt wurde, ist noch erhalten (Abb. 22). Sie wirkt schmucklos und besteht aus zwei schweren Monolithen aus Travertingestein. Wenn man durch sie hindurchgeht, verspürt man noch etwas von der stummen Würde etruskischer Gräber.

Von Alltag, Mythos und Erotik umgeben

Man konnte dem Toten ein Haus nach der Art seines eigenen Hauses aus dem Felsgestein schlagen, man konnte ihm vielerlei von den Dingen mitgeben, die er im Leben gebraucht, benutzt und geschätzt hatte. Aber es gab auch manches, was sich dem Toten nicht in das Grab legen ließ, so die Welt seiner Arbeit, die Gastmähler mit Musik und Tanz und die verschiedenartigen Spiele, an denen er so gern teilgenommen hatte. Und doch wußte man es so einzurichten, daß der Tote nicht darauf verzichten mußte. Was man ihm nicht materiell mitgeben konnte, das gab man ihm imaginär, im Bild, mit, indem man es an die Wände seiner Tomba malte. Dabei ist zu bedenken, daß im Bild dargestellte Dinge für die alte Welt viel mehr Realität besaßen als für uns heute.

Die Welt der Arbeit und des täglichen Berufslebens spiegelt sich in der Wandmalerei der Tomba della Caccia e Pesca, der Tomba der Jagd und des Fischfangs, in Tarquinia, die um 510 v. Chr. angelegt wurde (Abb. 23). Das Grabhaus besteht aus zwei Kammern. Vor dem Eintritt von der ersten in die zweite blickt man auf ein Giebelfeld, das eine Heimkehr von der Jagd zeigt. Da die Malerei sehr beschädigt ist, wollen wir uns an einer Nachzeichnung orientieren (Abb. 24).

Von rechts nach links betrachtet, sehen wir zuerst Hunde, die von einem Diener getrieben werden und denen noch weitere folgen. Hauptfiguren sind zwei – anscheinend noch junge – Männer auf Pferden, hinter welchen zwei Diener kräftig ausschreiten, von denen der erste über der Schulter eine Stange mit erlegtem Wild trägt, während der andere Stöcke mit sich führt, die zur Hasenjagd gebraucht wurden.

In der zweiten Kammer ist auf dem Giebelfeld der Rückwand das Gastmahl eines Paares mit Dienern, Dienerinnen und einem Flötenspieler dargestellt. Schwärme farbiger Wildenten, die über dem Meer aufflattern, beherrschen die Wände (Abb. 25). Sie wollen aber nicht als Naturerscheinung verstanden werden, sondern sie gehören zum

23 Tomba della Caccia e Pesca. Um 510 v. Chr. Tarquinia

24 Heimkehr von der Jagd, Detail der Wandmalerei in der Tomba della Caccia e Pesca. Tarquinia. Nachzeichnung

Erwerbsbereich der Bewohner; denn an der Rückwand steht auf einem Felsen ein Mann, der sich als Vogeljäger mit einer Schleuder betätigt (Abb. 26). Die Bewohner von Tarquinia betrieben nicht nur Ackerbau und Viehzucht, sie gingen auch auf die Jagd und auf Vogelfang. Außerdem ernährten sie sich von der Fischerei; und so sieht man auf der rechten Wand der Tomba della Caccia e Pesca, wie ein Mann vom Heck

25 Hintere Kammer der Tomba della Caccia e Pesca. Tarquinia

einer Barke eine Harpune schleudert, während auf der Mittelwand vier Männer im Boot gezeigt werden, von denen der linke eine Angel herabgelassen hat (Abb. 26). An den Bug des Bootes ist ein Auge gemalt, das apotropäisch, das heißt: Unheil abwehrend, wirken soll.

An der linken Wand der Tomba zeigt sich ein Taucher bei seinem Sprung ins Meer (Abb. 27). Kerzengerade, mit ausgestreckten Beinen und einander angenäherten Armen, springt er ins Wasser, während ein Mann auf dem Felsen ihm nachblickt und den linken Arm zu einer beschwörenden Geste erhoben hat, damit dem Taucher kein Unheil von dämonischen Mächten widerfahre.

So gab man Etruskern aus Tarquinia, deren Lebenselemente Jagd und Fischfang waren, beides bildhaft als Wandmalereien in ihr Totenhaus mit. Bewohnern von Meeresküsten obliegt aber auch die Schifffahrt, und so ist es nicht erstaunlich, daß man in einer Tomba Tarquinias aus der Mitte des 5. Jahrhunderts v. Chr., der Tomba della Nave, ein Schiff dargestellt hat (Farbabb. 9). Es handelt sich um einen Zwei-

26 Fischfang und Vogeljagd. Rückwand der hinteren Kammer der Tomba della Caccia e Pesca. Tarquinia (vgl. Abb. 25)

27 Sprung eines Tauchers ins Meer. Linke Wand der hinteren Kammer der Tomba della Caccia e Pesca. Tarquinia (vgl. Abb. 25)

master, von dessen Heck zwei große Steuerruder ins Wasser greifen, indes die Besatzung um das Anlegen des Schiffes bemüht ist.

Die Etrusker haben in ihrer Geschichte nicht wenige Kriege geführt, anfangs als Eroberer, später als Verteidiger ihrer Rechte und ihres Besitztums. Zum Leben des Mannes gehörten Rüstung und Waffen, weshalb man ihm diese oft in sein Grab mitgab. In späterer Zeit beließ man es aber zuweilen bei gemalten Waffenbildern, wie die nach einem italienischen Archäologen benannte Tomba Giglioli in Tarquinia zeigt (Abb. 28).

Diese erst zu Ende des 3. oder zu Anfang des 2. Jahrhunderts v. Chr. entstandene Tomba hat ihre besondere Eigenart. Die Decke ist trotz der rotbemalten Rillen nicht mit Hilfe malerischer Mittel einer Wohnhausdecke angeglichen. Längs- und Querbalken sind plastisch aus dem Felsen herausgeschlagen. Die früher gebräuchlichen Totenbetten sind durch Sarkophage ersetzt, die ebenfalls aus dem natürlichen Gestein gemeißelt wurden. Ein beschädigter Sarkophagdeckel liegt noch auf dem Boden der Tomba.

28 Tomba Giglioli. Ende 3. oder Anfang 2. Jh. v. Chr. Tarquinia

29 Tomba dei Relievi. Um 300 v. Chr. Cerveteri

30 Loculus in der Rückwand der Tomba dei Relievi

Die Waffen und Rüstungen sind aber gemalt, und zwar so, daß es aussieht, als seien sie an die Wand gehängt, wofür allein schon die perspektivisch gemalten Nägel sorgen. Panzer, Beinschienen und Helme, Rundschilde, Schwerter und Schleudern sind zu sehen und bereichern unsere Kenntnis in etruskischer Waffenkunde.

In der Tomba dei Relievi in Cerveteri, die um 300 v. Chr. angelegt wurde (Abb. 29), hat man den Toten Waffen und Rüstungen in Form von bemalten Stuckreliefs mitgegeben, nach denen man den Grabraum benannt hat. So sieht man an den Wänden über den Grabnischen Schilde, Schwerter, Beinschienen und Hörner.

Die Tomba dei Relievi unterscheidet sich von älteren Grabanlagen Cerveteris nicht unerheblich. Sie ist nicht mit einem Tumulus bedeckt, liegt tief in der Erde und besteht nicht aus mehreren Kammern, sondern aus einem einzigen großen Raum. Die Toten lagen in *loculi,* in Wandnischen, oder auf Betten, deren steinerner Unterbau die ausgesparte Fußbodenmitte umrahmt. Aus Inschriften in diesen Grabnischen und auf einem Cippus können wir entnehmen, daß die Tomba Grabstätte der Familie Matuna war.

Nicht nur Waffen sind in Form farbiger Reliefs den Toten mitgegeben worden, sondern auch Haus- und Küchengeräte, die man an den großen Pfeilern scheinbar aufgehängt hat. Es handelt sich um Krüge, Kellen, Löffel, Messer, Beile, Stöcke, Tornister, Küchenbretter, Seile in jeweils einem oder in mehreren Exemplaren. Auch Marder, Gans und Wildkatze sind vorhanden.

Am interessantesten ist aber der Loculus in der Mitte der Rückwand (Abb. 30). Der Inschrift nach lag hier Ramta Matunai Canatnei begraben. Man hat ihr ein geradezu idyllisches Schlafgemach eingerichtet. Das Bett hat schön ›geschnitzte‹ Beine und zwei übereinandergelegte Kopfkissen. Auf einer kleinen Bank vor dem Bett stehen zierliche Sandalen. An den Pilastern, die den Loculus auf beiden Seiten begrenzen, ›hängen‹ Gefäße, ein Stock, ein Halsband und ein Fächer. Auch Reste von Büsten erkennt man an der rechten und linken Seite. Was aber ganz und gar nicht in diese so private Welt hineinpassen will, ist die Reliefdarstellung an der Außenseite des Bettes. Sie zeigt ein Ungeheuer – halb Mensch, halb Fisch – und Kerberos, den Höllenhund im griechischen Hades.

31 Tomba dei Tori. Um 540 v. Chr. Tarquinia ▷

32 Linke obere Wandseite der Tomba dei Tori. Tarquinia (vgl. Abb. 31)

Eine griechisch-mythologische Szene findet man schon in einer der ältesten Tomben Tarquinias: der Tomba dei Tori (Abb. 31). Dort ist in der Vorderkammer an der Wand zwischen den Durchgängen in die beiden Hinterkammern ein Ereignis aus dem Trojanischen Krieg dargestellt. Links hinter einem Brunnen, auf dem zwei Löwen liegen, von denen der rechte Wasser in eine Schale speit, steht der griechische Held Achilleus mit einem Schwert in der Linken und lauert dem Troilos auf, dem jüngsten Sohn des trojanischen Königs Priamos. Troilos sitzt nackt, lediglich mit Schuhen und einer Kopfbedeckung bekleidet, auf einem Pferd, das er zur Tränke reitet. Nichtsahnend hält er den Speer in der Linken – ein adliger Jüngling, der den arglistigen Achilleus an Schönheit der Gestalt weit übertrifft. Die Szene ist durch eine stilisierte Palme zweigeteilt. Im unteren Bildabschnitt sind Bäume mit Kränzen und Tänien (Wollbinden) geschmückt, was auf die Feierlichkeit des Ortes hindeutet.

Man fragt sich, warum man wohl gerade die Geschichte von Achilleus und Troilos in einer Grabstätte dargestellt hat. Könnte es sein, daß ein hier Begrabener vielleicht auch sein Leben durch jemanden, der ihm auflauerte, verloren hat? Es gibt in dieser Tomba manches, was sich schwer deuten läßt. Im großen Friesstreifen der Rückwand ist zweimal ein Geschlechtsakt dargestellt, und man fragt sich, warum man sich für solche Bilder gerade ein Grabhaus ausgesucht hat (Abb. 32 und 33). Wenn man dem Toten alles, was er im Leben geschätzt hatte,

33 Rechte obere Wandseite der Tomba dei Tori. Tarquinia (vgl. Abb. 31)

wirklich oder im Bild in sein Grab mitgab, warum dann nicht auch Eros und Sexus? Es kann natürlich sein, daß man noch eine weitere Sinngebung damit verband. Vielleicht wollte man den Toten für sein Fortleben im Grabe noch einmal durch die Kraft der Lebenszeugung stärken. Fruchtbarkeit und Hoffnung auf das Fortleben nach dem Tode sind in der Vorstellungswelt der Antike eng miteinander verbunden. Die antik-heidnischen Fruchtbarkeits- und Vegetationsgottheiten waren oft gleichzeitig Gottheiten des Fortlebens und Wiederauferstehens. Auch Dionysos war ein Vegetationsgott, und wer weiß, ob er sich nicht in den Stieren verbirgt, die jeweils links von den erotisch-sexuellen Szenen dargestellt sind und von denen der Name der Tomba herrührt. Nicht selten nämlich nahm Dionysos Stiergestalt an. Fruchtbarkeit könnte dazu noch in der Ornamentik zu Füßen der Stiere und der Paare symbolisiert sein. Die Kügelchen mit den Kreuzchen sind Granatäpfel, die in der Antike wegen ihrer Samenfülle Sinnbilder der Fruchtbarkeit waren. Sie bedeuteten auch Bindung an das Totenreich. So gab nach griechischem Mythos Hades seiner Gemahlin Persephone einen Granatapfel zu essen, um sie so an die Unterwelt zu binden.

Im Giebelfeld der Vorderkammer der Tomba dei Tori sieht man links eine Sphinx hinter einer Chimäre und rechts einen Reiter auf einem Pferd, dem ein Stier folgt. Nach Elfriede Paschinger ist der Reiter »der zum Sterben bestimmte Mensch, der von den Mächten des Todes eingekreist wird«.[12]

Gastmähler mit Musik und Tanz

Bankette haben die Etrusker sehr geschätzt. Auch die Toten sollten auf ihre Weise noch an ihnen teilnehmen können. In vielen Tomben findet man daher Bilder von Gastmählern.

Sehen wir uns unter diesem Gesichtspunkt zuerst die Tomba delle Leonesse an, die in der Zeit um 520 v. Chr. entstanden ist (Abb. 34). Unter einer durch Malerei imitierten Kassettendecke erscheinen im Giebelfeld der Rückwand Raubtiere, die man für Löwinnen hielt. Deshalb nannte man den Grabraum Tomba delle Leonesse. Es handelt sich aber um weibliche Panther. Die Raubtiere, die man gern in Giebelfeldern zeigte, sollten eine apotropäische Wirkung haben. Daß man weibliche Tiere mit prallen Gesäugen bevorzugte, läßt darauf schließen, daß man auch hier die Kraft der Fruchtbarkeit heraufbeschwören wollte, in der sich das Fortleben symbolisiert.

An den Seitenwänden der Tomba sind vier Männer beim Bankett dargestellt. In der Mitte der Rückwand steht ein blattbekränzter Kratér, in dem Wein mit Wasser gemischt wurde. Er ist flankiert von zwei Musikanten mit Leier und Flöte, denen sich nach links eine Tänzerin und nach rechts ein Tanzpaar anschließen.

Von den vier Männern wollen wir jenen genauer betrachten, der an der rechten Wand als erster seinen Platz hat (Farbabb. 3). Von rotbrauner Körperfarbe, mit einem Mantel bedeckt – so präsentiert sich dieser Teilnehmer am Gastmahl. Sein linker Arm ist auf ein gemustertes, terrafarbenes Kissen gestützt, und die Hand hält eine flache Kylix, eine Trinkschale. Sein mandelförmig geschnittenes Auge mit betont weißer Sklera beherrscht das archaisch unbewegliche Gesicht und blickt ernst und aufmerksam auf die Hauptwand des Raumes.

Wenn ein Bankettteilnehmer sehr betont ein Ei zwischen Daumen und Zeigefinger hochhält, dann handelt es sich nicht um ein gewöhnliches Gastmahl, sondern um ein Totenmahl; denn das Ei galt schon in

34 Tomba delle Leonesse. Um 520 v. Chr. Tarquinia

35 Tomba dei Leopardi. Um 475 v. Chr. Tarquinia

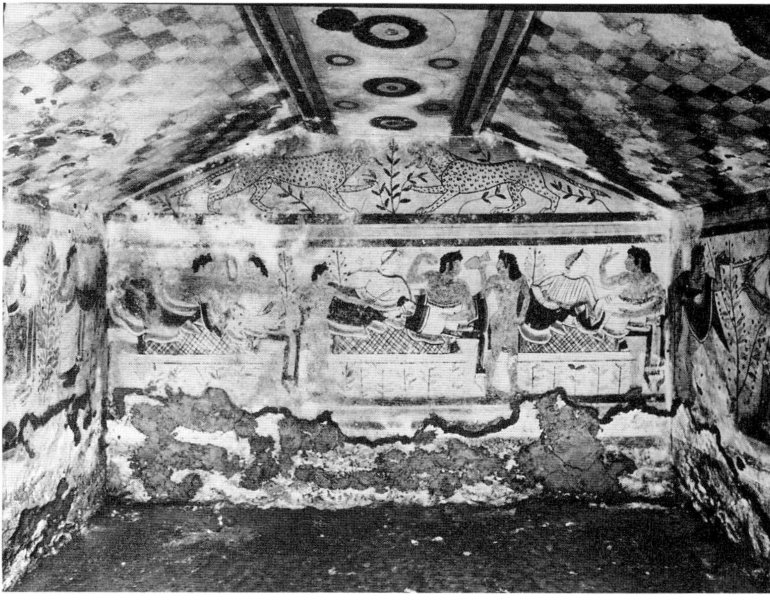

der alten Welt als Symbol des jungen Lebens, der Erneuerung, des immerwährenden Fortbestehens, dessen man besonders an den Orten der Toten gedachte. Die Szenerie ist nicht ohne Feierlichkeit. An der Wand hängen Kränze und Tänien – breite, verschlungene Bänder, ein Festschmuck, den man von den Griechen übernommen hatte.

In der Tomba dei Leopardi, die in der 1. Hälfte des 5. Jahrhunderts v. Chr. angelegt wurde und der man ihren Namen nach den Leoparden im Giebelfeld gegeben hat, liegen Männer und Frauen gemeinsam beim Mahle (Abb. 35). Ihre drei Klinen füllen die ganze Hauptwand; die Musikanten kommen von der Seite. Alle Tafelnden sind mit einem bunten Mantel zugedeckt. Während aber die Frauen einen Chiton, ein hemdartiges Kleid, tragen, liegen die Männer mit bloßem Oberkörper da. Ihre Hautfarbe ist braun, dunkel, die der Frauen dagegen hell. In der griechischen und etruskischen Kunst sind Mann und Frau

36 Zwei Paare auf ihren Klinen. Tomba dei Leopardi. Tarquinia

37 Diener und Musikanten. Tomba dei Leopardi. Tarquinia

immer so verschiedenfarbig dargestellt, wahrscheinlich weil in der Wirklichkeit die im Haus arbeitende Frau hellhäutiger war als der Mann, der seine Tätigkeit im Freien ausübte. Braun sind ebenfalls die nackten Diener, welche die Paare beim Mahl bedienen.

Auch das Mahl in der Tomba dei Leopardi ist ein Totenmahl. Der Mann an der äußersten Rechten hebt ein Ei in die Höhe; und seine Partnerin wie das Paar auf der sich links anschließenden Kline blicken gebannt zu ihm hin (Abb. 36).

Aus einem Garten mit stilisierten, blühenden Bäumen kommen die festlich gekleideten und bekränzten Musikanten; mit ausholendem, energischem Schritt streben sie auf die Tafelnden zu (Abb. 37). Geleitet und gleichzeitig ›präsentiert‹ werden sie von einem kräftigen Diener, der mit einem roten, schalartigen Umhang bekleidet ist und eine Kylix trägt. Ihm folgt der Musikant, der die Doppelflöte bläst, welche die Griechen Auloi und die Römer Tibiae nannten (Farbabb. 6). Seine Wangen sind leicht gebläht, fest ist sein Blick. Riesenhaft groß erscheinen seine Hände, deren Finger sich den Löchern der Flöte entsprechend geformt haben. Über der rechten Schulter des Mannes sieht man ein Stück von der Tunica, während über der linken ein Zipfel des vom Schreiten in Bewegung geratenen Mantels nach hinten flattert. Dieser leuchtet in Gelb und ist von roten und hellblauen Streifen umrandet.

38 Barbitonspieler, aus der Tomba del Triclinio. Um 470 v. Chr. Tarquinia, Museo Nazionale Tarquiniese

39 Flötenspieler, aus der Tomba del Triclinio. Um 470 v. Chr. Tarquinia, Museo Nazionale Tarquiniese

Der andere Musiker trägt keine Tunica, sondern nur einen gelb und grün umrandeten Mantel, der beim Ausschreiten über dem linken Oberschenkel aufspringt. Mit der linken Hand greift er in seine Lyra, zu der hin er auch den Blick lenkt (Farbabb. 7).

Hier haben die Musikanten – und mit ihnen die Musik – etwas Forsches, Zündendes. In der Tomba del Triclinio, die ungefähr aus der gleichen Zeit wie die Tomba dei Leopardi stammt, bieten sich andere Bilder (Abb. 38 und 39). In ihnen begegnen wir der Welt der Töne als einem Reich der Seele.

Der Barbitonspieler schreitet durch eine lebensvolle Gartenlandschaft mit blühenden Bäumen und bunten Vögeln. Seine Finger sind fast deformiert vom Saitenspiel. Dem Gesicht mit dem wunderschönen Auge sieht man an, wie alles in ihm den Tönen lauscht, die er dem Instrument entlockt. Seine Füße setzt er wie im Tanzschritt voreinander; denn er vermag sich nur im Rhythmus seiner Weisen fortzubewegen.

Das Barbiton ist eine Sonderart der Lyra. Es bedeutet also Wohlklang und Gemessenheit. Der Klang der Flöte ist weit gefühlsbetonter, und so nimmt es nicht wunder, daß der Spieler der Doppelflöte noch hingebungsvoller seiner Musik lauscht und ganz im Banne seiner Töne steht. Der Umhang ist dem Musikanten auf die Unterarme herabgeglitten. Mit leichtem, behutsamem Tanzschritt durchmißt er eine blühende Landschaft, an deren Bäumen Tänien hängen.

Wir kennen nur Bilder von Musikern, nicht aber die etruskische Musik. Wenn man diesen Flötenspieler anschaut, möchte man der Vermutung des italienischen Etruskologen Massimo Pallottino[13] zustimmen, daß die Etrusker sich weniger der schweren und feierlichen dorischen Tonart bedient hätten und mehr der lydischen und phrygischen. Die lydische Tonart ist klagend, die phrygische orgiastisch, erregend.

Den Etruskern war auch die Trompete vertraut. Man blies sie bei militärischen, vielleicht auch bei religiösen Veranstaltungen. Bevorzugt wurde aber die Flöte, die aus Asien stammt und besonders in Lydien beliebt war. Der Flöte entlockt der Mensch mit sanftem Atem, dem Hauch seiner Seele, weiche, verströmende Töne. Das entspricht der Gefühlswelt der Etrusker.

Von den antiken Schriftstellern erfahren wir, bei welchen Anlässen etruskisches Flötenspiel ertönte. Daß es beim Opfer, beim Bankett,

40 Kneten des Brotteiges bei Flötenspiel, aus der Tomba Golini I. Um 340 v. Chr. Orvieto, Museo Archeologico Nazionale. Ergänzte Nachzeichnung

beim Tanz und beim Leichenbegängnis geschah, überrascht uns nicht. Mit Erstaunen lesen wir aber, daß bei Flötenspiel Faustkämpfe ausgetragen wurden, daß bei seinen Tönen und Rhythmen die Herren ihre Sklaven auspeitschten und die Bäcker und Köche ihre Arbeit verrichteten. Alkimos, ein Historiker des 4. Jahrhunderts v. Chr. aus Sizilien, berichtet von Bäckern, die den Brotteig rhythmisch kneteten.[14] Eine Bestätigung dafür finden wir in einer Wandmalerei der Tomba Golini I in Orvieto (Abb. 40). Die stark beschädigte Malerei wurde 1950 von der Wand abgenommen und in das Archäologische Museum nach Florenz gebracht. Heute befindet sie sich im Palazzo Papale in Orvieto. Dargestellt sind Tische, an denen Küchenarbeiten verrichtet werden. Vor ihnen sieht man einen Bäcker, der seinen Teig offensichtlich nach den Rhythmen eines Flötenspielers knetet.

Auch für die Jagd nutzten die Etrusker das Flötenspiel. So schrieb Claudius Aelianus, der in der Zeit um 200 n. Chr. lebte, in seiner Tierkunde: »Man sagt, daß die Etrusker Hochwild und Keiler nicht nur mit

Netzen und Hunden fangen, wie es der übliche Jagdbrauch ist, sondern noch häufiger mit Hilfe der Musik. Das geschieht so: Auf allen Seiten legen sie Netze und andere Jagdgeräte aus, um den Tieren Fallen zu stellen. Ein erfahrener Flötenspieler stellt sich auf und spielt die reinsten und harmonischsten Melodien, die süßesten Töne, die seine Flöte hervorbringt. In der Ruhe und Stille der Natur dringen die Töne bis zu den Bergeshöhen, bis in die Täler und Wälder und finden ihren Weg in die Schlupfwinkel der Tiere. Wenn die Klänge deren Ohren erreichen, sind sie zunächst verwundert und erschreckt, dann werden sie von der unwiderstehlichen Gewalt der Musik hingerissen und überwältigt und vergessen ihre Jungen und ihre Verstecke. Wenn sich die Tiere auch nur ungern weiter von ihren Schlupfwinkeln entfernen, so werden sie doch, wie von einem Zauber gebannt, immer näher herangelockt, und als Opfer der Musik verstricken sie sich in die Netze.«[15]

Mag der Bericht auch märchenhaft klingen, er macht deutlich, welche magischen Kräfte dem etruskischen Flötenspiel zugeschrieben wurden, und zwar noch zu einer Zeit, in der die etruskische Kultur weitgehend in der römischen aufgegangen war.

Hinsichtlich des Flötenspiels und des Tanzes hatten die Römer den Etruskern manches zu verdanken. Livius, Geschichtsschreiber zur Zeit des Kaisers Augustus, berichtet, daß im Jahre 364 v. Chr. in Rom die Pest gewütet habe. Es sei alles getan worden, um die Götter zu versöhnen, aber ohne Erfolg. Schließlich sei man auf den Gedanken gekommen, als Sühne auch das Bühnenspiel einzuführen. »Dies bedeutete etwas ganz Neues für ein so kriegerisches Volk, das bisher nur die Spiele auf der Rennbahn kannte. Diese Bühnenspiele waren anfangs, wie es immer ist, nur klein und dazu fremdländisch. Es gab dabei keinen Gesang, auch keine Darstellung des Gesungenen durch Gesten. Die Spieler holte man aus Etrurien, und sie machten nur leichte Bewegungen in tuskischen Tänzen, von einer Flöte begleitet. Die jungen Männer taten es ihnen nach, und untereinander dichteten sie scherzhafte, freigestaltete Verse, zu deren Vortrag ihre Bewegungen nicht schlecht paßten. Diese Sache fand Beifall und verbesserte sich durch die Übung. Auf tuskisch heißt ein Schauspiel ›Hister‹, und so erhielten auch die einheimischen Künstler den Namen ›Histrio‹.«[16]

◁ 41 Tänzer, aus der Tomba del Triclinio. Um 470 v. Chr. Tarquinia, Museo Nazionale Tarquiniese

Wenn Livius von »leichten Bewegungen in tuskischen Tänzen« spricht, dann mag er an Tänzer gedacht haben wie jenen in der Tomba del Triclinio, der mit gebeugten Knien beinahe schreitet, so daß sein übergeworfenes, gelb eingefaßtes weißes Gewand ohne jede Bewegung herabfällt (Abb. 41). Dabei treibt er ein wunderbares, vielleicht symbolhaftes Spiel mit den Händen.

Die Haltung der Hände ist beim etruskischen Tanz von großer Bedeutung. Das beweist auch das Bild einer Tänzerin aus der Tomba dei Giocolieri in Tarquinia (Farbabb. 10). Es handelt sich um eine besonders aparte Frauengestalt. Ihr Profil wird beherrscht von einem mandelförmigen Auge. Das tiefschwarze, eigenwillig gekämmte Haar steht im Kontrast zu dem roten Gewand, unter dessen blauer Borte die Füße hervorschauen – der linke fest am Boden, der rechte im Tanzschritt erhoben. Die schlanken Hände aber sind es, die dem Tanz erst Ausdruck verleihen. Während die eine in Richtung des Tanzschritts gehalten ist, weist die andere bedeutsam in die Höhe.

Zu ihrer eigenen Figur hingewandt sind die Hände einer Tänzerin in der Tomba delle Leonesse in Tarquinia (Abb. 42). Auch sie bewegt sich schreitend, und zwar mit kräftigen Beinen, die durch den rötlichen, mit kleinen Mustern besetzten Chiton hindurchscheinen. Typisch für die Kleidung einer Etruskerin sind die Schnabelschuhe und der Tutulus, der hohe Hut. Alles an dieser Frau ist mächtig: der sich weit öffnende rote Mantel mit den blauen Aufschlägen – die Halskette wirkt fast zu zierlich –, die starken Arme und schließlich die Bewegung. Mit gewaltigem Schritt durchmißt sie majestätisch tanzend den Raum.

Außer gemessenen kannten die Etrusker auch temperamentvolle Tänze. Von solcher Art ist der Tanz eines Paares in der Tomba delle Leonesse (Farbabb. 2). Hier ist der Bildraum erfüllt von der Spannung zwischen zwei Tanzenden, die mit großer Intensität aufeinander konzentriert sind. Der Mann trägt in der Hand eine Oinochoe, eine Kanne, mit der man Wein aus Mischkrügen in Trinkgefäße gießt, so daß es nicht ausgeschlossen ist, daß es sich bei ihm um einen Diener handelt. Jedenfalls ist er nicht der eigentlich aktive. Er wird von seiner Tänzerin fast magisch beherrscht, was sich nicht nur in Haltung und Blick, sondern auch darin ausdrückt, daß sie in der – leider stark beschädigten – Rechten ein Krotalon, eine Klapper, hält, mit der sie den Rhythmus angibt, während sie die Linke beschwörend erhoben hat. Der Zeige-

42 Tänzerin. Tomba delle Leonesse. Um 520 v. Chr. Tarquinia

und der kleine Finger sind ausgestreckt, was noch heute in Italien als Zeichen der Abwehr und der Beschwörung gilt.

Die Haut des Mannes ist wieder tiefbraun, und er tanzt nackt. Die Frau ist bekleidet, aber ihr Gewand ist so hauchdünn, daß der Reiz ihres Körpers dadurch nur noch gesteigert wird. Durch das Schleiergewand scheint die helle Haut hindurch.

Es ist hochinteressant zu sehen, wie der etruskische Künstler gearbeitet hat. Zuerst hat er die Tänzerin skizziert, um dann die Linien nachzuziehen oder aber durch neue und bessere zu ersetzen. Dabei löschte er die alten nicht. Sie überschneiden sich mit den neuen, was am rechten Arm der Tänzerin besonders deutlich wird.

Man hat oft darauf hingewiesen, daß die etruskische Malerei von der griechischen beeinflußt ist. Dennoch gibt es Unterschiede. Für den Griechen galt das Gesetz der Form. Er benutzte die Linie, um eine Gestalt eindeutig zu umreißen und durch eine klare Innenzeichnung den menschlichen Körper in seiner Struktur wohlproportioniert in Erscheinung treten zu lassen. Bestätigt finden wir diese Auffassung durch die 1968 entdeckte griechische Wandmalerei in der sogenannten Tomba del Tuffatore in Paestum.

Dem etruskischen Künstler kam es nicht in erster Linie auf die Form, sondern auf die Funktion an. Er wollte seine Gestalten mit Leben, mit Vitalität erfüllen, im Falle der Tänzerin noch mit Temperament und Dynamik. Die Linienführung vor allem diente dazu, diese Wirkung zu erreichen. Wo es nicht gelang, mußte eine neue Linie die alte korrigieren, die aber dabei nicht gelöscht wurde. Es ging dem Maler mehr um lebensvolle Wirklichkeit als um die vollendete Form.

Heitere und grausame Spiele

Was die Etrusker sehr liebten und was man ihnen darum oft im Bild ins Grab mitgab, waren Spiele verschiedenster Art.

Sportliche Wettkämpfe sind in der Tomba delle Olimpiadi dargestellt, die in der Zeit um 510 v.Chr. angelegt wurde. Da man die Tomba 1958 aufgefunden hat und 1960 die Olympischen Spiele in Rom stattfinden sollten, hat man den Grabraum nach diesen benannt, zumal sich Wandmalereien von olympischen Sportarten in der Tomba befinden. Leider sind die Wände und mit ihnen die Bilder schon ziemlich stark beschädigt. Um sie vor weiterem Verfall zu schützen, hat man sie – wie auch andere gefährdete Grabmalereien in Tarquinia – von den Wänden abgelöst, auf neue übertragen und diese wieder zu einer Tomba zusammengesetzt, die wir im Museum betrachten können.

Voller Leben und Bewegung ist der Friesstreifen, der Sportler zeigt, die sich mit Wettlauf, Weitsprung und Diskuswerfen beschäftigen (Abb. 43). Noch dynamischer aber erscheint jener Wagenlenker, der vor mehreren anderen Wagen im Rennen vorn liegt und sich nach seinen Konkurrenten umblickt. In den Händen hält er Peitsche und

43 Sportler beim Wettlauf, Weitsprung und Diskuswerfen, aus der Tomba delle Olimpiadi. Um 510 v. Chr. Tarquinia, Museo Nazionale Tarquiniese

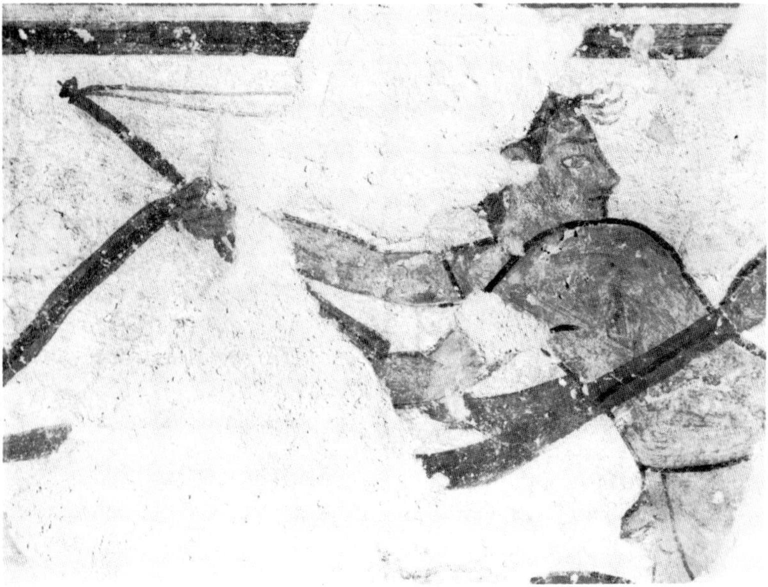

44 Wagenlenker, aus der Tomba delle Olimpiadi. Tarquinia, Museo Nazionale Tarquiniese

Zügel, die hinter seinem Rücken zusammengefaßt sind, damit sie ihm nicht entgleiten können (Abb. 44). Anspannung und kämpferische Entschlossenheit liegen in seinen Zügen, und auch die temperamentvollen Pferde streben mit geradeaus gerichtetem Blick und siegeswilliger Kopfhaltung dem Ziel zu.

Wesentlich gemessener und beruhigter wirken die Wagenlenker, die in Chiusi in der Tomba del Colle[17] für ihre Biga, ihr Zweigespann, den Sieg erstreben (Abb. 45). Die Tomba, die in der 1. Hälfte des 5. Jahrhunderts v. Chr. entstand, ahmt die Holzteile eines Wohnhauses mit plastischen Mitteln nach. Die Malerei hat etwas vornehm Klassisches, was sich besonders in der Eleganz der Rennpferde ausdrückt.

Spiele im weitesten Sinne des Wortes gab man den Toten in ihre Grabkammern mit. Das zeigen die friesartigen Bilder der Tomba della Scimmia in Chiusi, die in der 1. Hälfte des 5. Jahrhunderts v. Chr. gemalt wurden. Leider sind die Wandbilder so verblaßt, daß wir auf

Kopien angewiesen sind. Unter diesen erweisen sich als besonders originalgetreu die Nachzeichnungen von Giuseppe Angelelli aus dem Jahr 1846, die er anschließend aquarelliert hat.

Wie in der Tomba del Colle findet man auch in der Tomba della Scimmia ein Wandbild mit Wagenrennen (Abb. 46). Die Gespanne kommen von rechts, während auf der linken Seite vier junge Männer stehen, von denen der eine eine Tuba in der Hand hält, während die anderen Lorbeerzweige tragen. Unklar bleibt, warum ein nackter Knabe, der mit einem Hund spielt, zwischen den Beinen zweier Pferde dargestellt ist.

Schwer zu deuten ist auch ein Paar auf einem weiteren Wandbild (Abb. 47). Auf diesem reicht ein Bärtiger einem Zwerg – ebenfalls mit Bart – die Hand. Beide halten in der freien Hand ein palmwedelartiges Gebilde. Daneben gleitet ein junger Mann vom Pferd, während ein älterer aufrecht auf seinem Pferd sitzt und einen Speer oder eine Peitsche über seinen Kopf hält. Auf der rechten Bildseite führen zwei nackte Männer unter den Augen eines Schiedsrichters einen Ring-

45 Wagenrennen. Tomba del Colle. 1. Hälfte 5. Jh. v. Chr. Chiusi

46 Wagenrennen. Tomba della Scimmia. 1. Hälfte 5. Jh. v. Chr. Chiusi. Aquarellierte Kopie von G. Angelelli

kampf aus, und ganz in der Ecke ist ein kleiner Affe angekettet, nach dem die Tomba della Scimmia ihren Namen bekommen hat.

Auf einem dritten Bild sieht man zwei Männer beim Boxkampf, der aber anscheinend nicht besonders ernst betrieben wird (Abb. 48). Die rechte Bildseite zeigt einen Waffentänzer und zwei Flötenspieler, von denen einer ein bärtiger Zwerg ist. Was aber hält der Knabe, der auf der linken Seite einem Lanzenträger folgt, in der linken Hand? Vermutlich ist es ein Aryballos, ein rundes Gefäß mit Öl für Sportler, das man an Riemen am Handgelenk trug. An der Wand hängt ein ähnliches Gefäß in größerer Form.

Auf dem vierten Bild sitzt unter einem Sonnenschirm eine Dame, die ihren Mantel über den Kopf gezogen hat (Abb. 49). Vermutlich handelt es sich um die Tote, die in der Tomba della Scimmia bestattet wurde. Vor ihr treiben Gaukler ihr Spiel. Ein Flötenspieler hat seinen Platz zwischen zwei kunstvoll verzierten Behältern und blickt auf eine Tänzerin, die einen Kandelaber auf dem Kopf balanciert. Diese wiederum hat ihren Blick auf einen bekränzten Mann gerichtet, dem ein Knabe zwei weitere Kränze hinhält. Die Szene findet ihren Abschluß

mit einem braunen und einem weißen Pferd, von dem ein Reiter sich anschickt herabzugleiten. Hinter der Dame wendet sich ein Mann – vielleicht ein Schiedsrichter – einem jungen Athleten zu, dessen Geste man als die Haltung eines Boxers, aber auch als beschwörend-abweisend deuten kann. Ganz klein in der Ecke steht ein Knabe, dem zwei Hunde zugeordnet sind.

In der Tomba delle Bighe, der Tomba der Zweigespanne, in Tarquinia, die Anfang des 5. Jahrhunderts v. Chr. ausgemalt wurde, gab man den Toten nicht nur ein Bankett und die verschiedensten Arten sportlicher Tätigkeit im Bild mit. Man vermittelte ihnen auch eine Erinnerung an die Zuschauer, zu denen sie vermutlich einst selbst gehört hatten.

Wieder müssen wir Nachzeichnungen zu Hilfe nehmen (Abb. 50 und 51); denn die Malereien der 1827 ausgegrabenen Tomba, die sich heute im Museum von Tarquinia befinden, sind sehr stark beschädigt. Eigentlich handelt es sich nicht um Nachzeichnungen, sondern um Pausen – also Durchzeichnungen –, die man lange Zeit dem deutschen Freiherrn von Stackelberg zugeschrieben hat, die aber 1835 von Carlo Ruspi angefertigt wurden.

47 Reiter und Ringkämpfer. Tomba della Scimmia. Chiusi. Aquarellierte Kopie von G. Angelelli

48 Boxer und Waffentänzer. Tomba della Scimmia. Chiusi. Aquarellierte Kopie von G. Angelelli

Die Tribünen bestehen aus Holz und sind mit einem Velum, einem Segeltuch, überdeckt. Die Zuschauer auf der linken Seite verfolgen intensiv die Wettkämpfe (Abb. 50). Die rechts Sitzenden sind weniger konzentriert (Abb. 51). Zwei Männer führen ein Gespräch, und zwei weitere unterhalten sich mit einer Dame, die den Arm um die Schultern des einen Partners gelegt hat.

Es überrascht uns, daß auch Damen unter den Zuschauern auf den Tribünen sitzen. Im griechischen Olympia war es den Frauen bei Todesstrafe verboten, nackten Männern bei Sport und Spiel zuzuschauen. Den Etruskerinnen war es offensichtlich gestattet, obwohl auch hier, wie die Bilder in der Tomba delle Bighe beweisen, die Athleten unbekleidet zum Kampf antraten (Abb. 52).

Bei den Gestalten der Tomba delle Bighe, besonders bei den Athletenfiguren, fällt auf, wie stark sie von der griechischen Kunst beeinflußt sind, deren klassische Phase zu dieser Zeit begann. Es ist durchaus möglich, daß die Beeinflussung nicht zuletzt durch Figuren auf importierten griechischen Vasen erfolgte.

Die Zuschauer auf den Tribünen der Tomba delle Bighe gehören zur Oberschicht. Aus anderen Kreisen stammen die Männer, die sich in einem Geschoß unter den Tribünen aufhalten. Vielleicht sind es die mitgebrachten Diener. Einige von ihnen verfolgen die Wettkämpfe, andere zeigen sich an diesen uninteressiert, und wieder andere geben sich lasziven Spielen hin.

Spielen ganz besonderer Art begegnet man in der Tomba degli Auguri in Tarquinia, die um 520 v. Chr. ausgehauen und bemalt worden ist (Abb. 53). Das Grabhaus verdankt seinen Namen den beiden Männern, die auf der Rückwand dargestellt sind und in denen man Auguren, priesterliche Zeichendeuter, zu erkennen meinte. Sie tragen eine weiße Tunica unter einem schwarzen Mantel und haben die eine Hand zum Zeichen der Trauer und Klage an den Kopf gelegt, während die andere grüßend zu einer Tür hin erhoben ist, die ebenfalls nur gemalt in Erscheinung tritt. Man hat diese Tür als Scheintür bezeichnet, auch als Pforte zum Jenseits, aber vermutlich sollte hier nur die Tombatür dargestellt werden, und zwar so, wie man sie nach ihrer Schließung zum Zeichen der Trauer und Ehrfurcht grüßt.

An der rechten Wand des Grabhauses sind zwei Ringer dargestellt, von denen der jüngere den älteren an den Handgelenken gepackt hat (Abb. 54). Es sind keine olympischen Kämpfer, sondern athletische, robuste Gestalten, massiv, derb und äußerst realistisch gemalt. Ihr Gesichtsausdruck ist dumpf, den mandelförmig geschnittenen Augen fehlt es an Glanz.

Die Ringer kämpfen um einen Preis, zu dem auch die drei Becken im Hintergrund gehören. Der Kampfrichter steht links im Bild. Er trägt den *lituus,* den Augurenstab, und gehört anscheinend zu den priester-

49 Gaukler vor einer Dame. Tomba della Scimmia. Chiusi. Aquarellierte Kopie von G. Angelelli

50 Zuschauer beim Wettkampf. Linke Tribüne. Tomba delle Bighe. Anfang 5. Jh. v. Chr. Tarquinia. Pause von Carlo Ruspi. Rom, Archiv des Deutschen Archäologischen Instituts

51 Zuschauer beim Wettkampf. Rechte Tribüne. Tomba delle Bighe. Tarquinia. Pause von Carlo Ruspi. Rom, Archiv des Deutschen Archäologischen Instituts

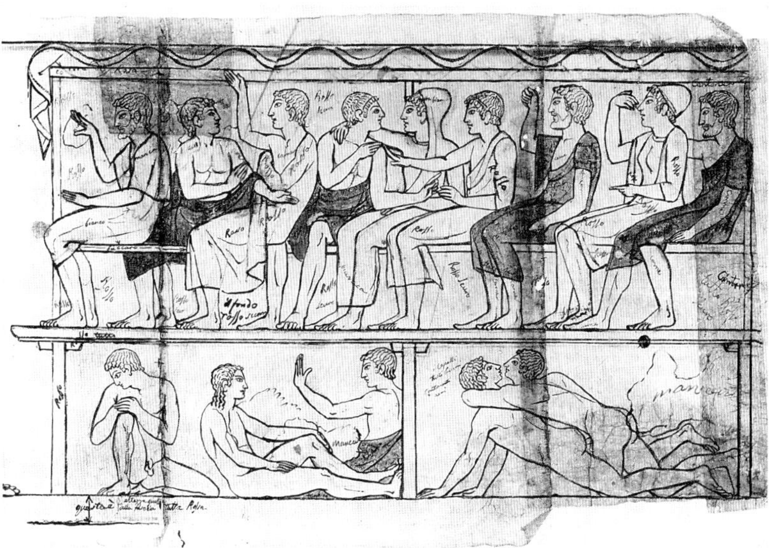

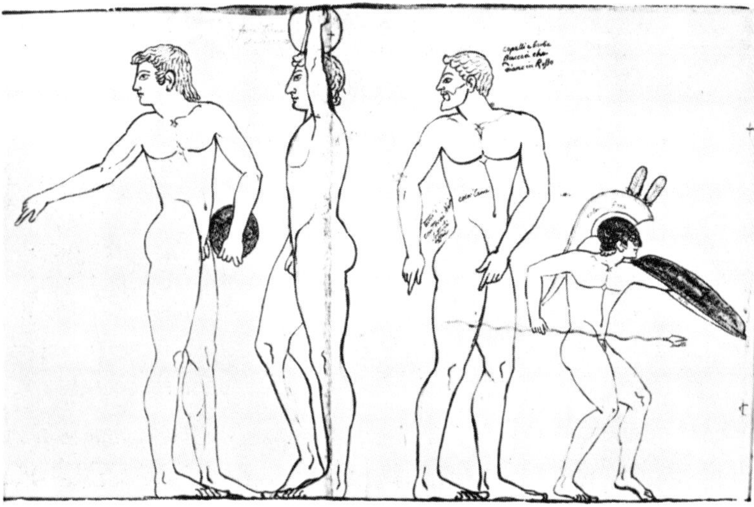

52 Athleten. Tomba delle Bighe. Tarquinia. Pause von Carlo Ruspi. Rom, Archiv des Deutschen Archäologischen Instituts

53 Tomba degli Auguri. Um 520 v. Chr. Tarquinia

54 Ringkämpfer. Tomba degli Auguri. Tarquinia

lichen Zeichendeutern, denen die Beobachtung und Ausdeutung des Vogelfluges obliegt, worauf auch die beiden fliegenden Kormorane hinweisen.

An der gleichen Wand weiter rechts sehen wir eine grausame Szene (Abb. 55). Da die Malerei schon ziemlich zerstört ist, mag eine Nachzeichnung zur Verdeutlichung beitragen (Abb. 56).

Ein kräftig gebauter, bärtiger Maskierter mit einem spitzen Flügelhut hat eine Leine nach einem Mann ausgeworfen, der nur mit einem Lendenschurz bekleidet ist. Dieser hat sich bereits in der Leine verfangen, und Wunden bedecken seinen Körper. Sie stammen von einem Hund, dessen Halsband durch eine Art Klöppel, der einem Knochen gleicht, mit der Leine verbunden ist, so daß jedesmal, wenn der Maskierte an der Leine reißt, der Klöppel den Hund schlägt, der dann aus Wut und Schmerz den halbnackten Mann beißt. Dieser könnte sich zwar wehren, denn er hält in der Hand eine Keule. Doch auch sie ist bereits in die Leine des Maskierten verwickelt. Zudem ist der Kopf des wehrlosen Opfers mit einem Sack verhüllt worden, so daß der Mann gar nichts sehen kann.

55 Phersu und sein Opfer. Tomba degli Auguri. Tarquinia

56 Phersu und sein Opfer. Tomba degli Auguri. Tarquinia. Nachzeichnung

Was bedeuten nun solche Darstellungen, von denen es noch zwei ähnliche in anderen Tomben von Tarquinia gibt? Offensichtlich kannten die Etrusker beim Tode eines Prominenten das Menschenopfer. Es gab Leichenspiele, die auf Tod und Leben geführt wurden, und der Getötete war das Opfer an die Götter. Das Blut, das in den Boden sickerte, sollte dem Toten Kraft und neues Leben schenken. Dabei schreckte man nicht vor den grausamsten Todesformen zurück.

In diesen Zusammenhang gehören auch die Gladiatorenspiele, die nach Rom von Etrurien aus gekommen sein sollen.[18] Im Jahre 264 v. Chr. veranstalteten die Brüder Marcus und Decimus Pera aus Anlaß des Begräbnisses ihres Vaters Decimus Kämpfe auf Leben und Tod zwischen bewaffneten Gladiatoren.[19] Andere vornehme Familien folgten ihrem Beispiel, bis im Jahre 105 v. Chr. der Senat den Konsuln gestattete, Gladiatorenspiele auch unabhängig von Leichenfeiern zu veranstalten, weil das römische Volk danach verlangte.[20]

Wir wissen auch, wie der Maskierte aus der Tomba degli Auguri heißt. Links neben seinem Kopf steht sein Name, zwar schon etwas verblaßt, aber dennoch leserlich.

Er heißt: Phersu.

Was besagt dieser Name? Die Silbe Pher ist wohlbekannt. Der Name der Gattin des Hades, des Unterweltgottes, beginnt mit ihr. Sie heißt bei den Etruskern Phersipnei, bei den Griechen Persephone, bei den Römern Proserpina. Phersu kommt also aus der Unterwelt. Er ist ein Unterweltsgott, ein Unterweltsdämon. Als solcher, das heißt: in *seiner* Maske, erscheint nun der Mann, der das grausame Spiel inszeniert, in welchem dem Toten zuliebe Blut fließt.

Ganz offensichtlich lebt das etruskische Wort *phersu* in dem lateinischen Wort *persona* fort. Und *persona* heißt *Maske.* Es bedeutet aber auch das, was wir unter dem Begriff *Person* verstehen. Es gibt eine Erklärung dafür: Weil die Maske von einem Schauspieler getragen wird und nach der jeweiligen Rolle verschieden ist, bedeutet *persona* auch soviel wie *Rolle.* Die Rolle wiederum bestimmt den jeweiligen Charakter des Schauspielers. Somit heißt *persona* auch *Charakter.* Von Charakter kann man jedoch nicht nur beim Schauspieler sprechen. Jeder Mensch hat einen bestimmten Charakter, und so erhielt der Begriff *persona* über den Bereich des Schauspielerischen hinaus Bedeutung als Begriff für einen bestimmten Charakter, eine bestimmte Individualität, ein einmaliges, ganz bestimmtes menschliches Wesen. Unser Wort *Person* geht also letzten Endes zurück auf das etruskische *phersu.*

Frauen – ihr Schmuck, ihre Kosmetik, ihr Hausrat

Wenn man in den Tomben immer wieder Bilder etruskischer Frauen sieht, stellt man sich die Frage, welche Stellung sie in Familie, Staat und Gesellschaft hatten.

Johann Jakob Bachofen, der berühmte Rechtshistoriker und Kulturphilosoph des 19. Jahrhunderts, vertrat die Ansicht, die Etrusker hätten ein Mutterrecht gekannt.[21] Dieser Standpunkt ist heute überwunden. Ein Matriarchat, eine Mutterherrschaft, hat es in Etrurien nicht gegeben, wenn auch die etruskische Frau eine einflußreichere Stellung besaß als die griechische und die römische.

Im Staat bestimmte eindeutig der Mann, doch die Geschichte berichtet von Fällen, in denen auch Frauen über ihre Männer und Söhne starken Einfluß auf die staatlichen Machtverhältnisse ausübten. Die rechtliche Stellung der Etruskerin war besser als die der Griechin und der Römerin. Das zeigen schon die Grabinschriften. Nach Altheim wird »der Geschlechtsname der Mutter entweder allein genannt oder zusammen mit dem Vornamen des Vaters«[22]. Pallottino schränkt diese Feststellung ein, wenn er sagt: »In Wirklichkeit aber herrscht in etruskischen Inschriften die Benennung nach dem Vater vor, auch wenn in vielen Grabinschriften der Familienname der Mutter verzeichnet ist und manchmal auch ihr Vorname.«[23] Hinsichtlich des Vornamens weist Heurgon darauf hin, daß die Römerin oft nur einen abgewandelten männlichen Vornamen wie Cornelia, Claudia, Livia hatte. Die Etruskerin dagegen sei mit einem individuellen Vornamen benannt worden. Sie hieß beispielsweise Ramtha, Tanaquil, Fasti, Velia.[24]

In der Malerei begegnet uns die Etruskerin zuweilen als Herrin. Das ist in der Tomba del Barone in Tarquinia der Fall (Farbabb. 8 und Abb. 12). Ein Mann, der einen flötenspielenden Knaben im Arm hält, grüßt mit der Kylix eine festlich gewandete Frau, welche die Huldigung mit geradezu priesterlicher Geste entgegennimmt. Mag es sich bei

57 Dame im Tanzschritt. Tomba Cardarelli. Ende 6. Jh. v. Chr. Tarquinia

der Frau um die Verstorbene handeln oder nicht, mag sich der Künstler an eine Vorlage aus der griechischen Vasenmalerei gehalten haben oder nicht, die Szene zeigt, daß die Frau als Herrin in der Vorstellung der Etrusker ihren Platz hatte. Sie erscheint hier in einer Umwelt, die durch vornehme Jünglinge auf edlen Pferden gekennzeichnet ist.

Oft wurde die Etruskerin in den Tomben Tarquinias auch als Dame dargestellt. Beispielhaft dafür ist eine Frauengestalt, die sich in der Bildwelt jener Tomba befindet, welche nach dem tarquinesischen Dichter Vincenzo Cardarelli benannt wurde (Abb. 57). Die Dame trägt eine Tunica und einen Mantel, auf dem Kopf dazu einen Tutulus und an den Füßen die typischen Schnabelschuhe. Sie nimmt an den Tänzen teil, die in der Tomba dargestellt sind – aber in betont hoheitsvoller Haltung und mit Beherrschung des Mienenspiels in einem schönen und gepflegten Gesicht. Es entspricht ihrem herrschaftlichen Auftritt, wenn ihr ein kleiner Diener vorangeht, der ihr mit einem Fächer kühle Luft zuwedelt.

Man ist nach der Betrachtung dieser Bilder, die beide am Ende des 6. Jahrhunderts v. Chr. entstanden sind, erstaunt, was man bei Athenaios von Naukratis über die Etruskerin liest. Wörtlich heißt es in seinem »Gelehrtenmahl«: »Theopompos erklärt im 43. Buch seiner ›Geschichte‹, bei den Etruskern gebe es das Gesetz, daß die Frauen gemeinsamer Besitz sind. Sie pflegen ihre Körper sehr und treiben auch oft mit den Männern zusammen Sport, gelegentlich aber auch untereinander. Es sei nicht anstößig, sich nackt zu zeigen. Beim Mahl lägen sie nicht bei den eigenen Gatten, sondern bei beliebigen anderen Gästen, und sie trinken jedem zu, wie sie es wollen. Sie seien große Trinkerinnen und sähen sehr gut aus. Die Etrusker zögen alle Kinder auf, die geboren werden, auch wenn sie nicht wissen, von welchem Vater jedes ist.«[25] Athenaios zitiert Theopompos von Chios, einen Historiker des 4. Jahrhunderts v. Chr., der eine Vorliebe für Skandalgeschichten hatte und bei diesen wohl auch zu Verallgemeinerungen neigte. Doch auch bei anderen antiken Schriftstellern lesen wir Abträgliches über die Etruskerinnen. Der römische Komödiendichter Plautus behauptet in seinem um 200 v. Chr. entstandenen Stück *Cistellaria*, die etruskischen Mädchen verdienten sich ihre Aussteuer durch Prostitution.[26] Ähnliches sagte man den lydischen Frauen nach, und es ist nicht ganz ausgeschlossen, daß Plautus es auf die jungen Etruskerinnen übertrug, weil man die Etrusker ja für ausgewanderte Lyder hielt.

58 Paar auf einer Kline beim Gastmahl. Tomba dei Leopardi. Um 475 v. Chr. Tarquinia

59 Liebespaar beim Gastmahl. Tomba Querciola I. Um 400 v. Chr. Tarquinia. Pause von Carlo Ruspi. Rom, Archiv des Deutschen Archäologischen Instituts

Aristoteles, der große griechische Philosoph des 4. Jahrhunderts v. Chr., bemängelt, daß »die Etrusker mit den Frauen zusammen beim Mahl liegen und dazu noch unter demselben Mantel«[27]. Daß die Etrusker zweimal am Tag üppig tafelten, mißfiel Poseidonios, einem Stoiker, der um 135 v. Chr. in Syrien geboren wurde.[28] Nach seiner Mitteilung benutzten sie dabei bunt bestickte Decken und eine Menge Silbergeschirr. Die zahlreichen schönen Sklaven trügen Kleider, die für ihren Stand viel zu kostbar seien, meinte Poseidonios, während andere Kritiker an nackten Dienern und Dienerinnen Anstoß nahmen. Man empfand es auch als schockierend, daß die Etruskerin bei Wettspielen, in denen nackte Athleten zum Kampf antraten, auf der Tribüne saß und zuschaute, was in Olympia nur der Priesterin der Demeter gestattet war. Ganz allgemein rügte man an der etruskischen Frau ihre außerordentliche Vorliebe für Schmuck und Kosmetik, ja für jeglichen Luxus.

Alle diese Behauptungen und Anschuldigungen sind nur insoweit nachprüfbar, als Werke der Kunst über das jeweils in Frage Stehende Aufschluß geben. Wenn wir uns in den Tomben Tarquinias umschauen, dann wissen wir, daß die Etrusker mit ihren Frauen zwar nicht unter demselben Mantel, aber gemeinsam beim Mahl lagen (Abb. 35, 36, 58). Für einen Griechen war das ungewöhnlich; denn bei ihm zu Lande durften nur die gebildeten Halbweltdamen, die Hetären, an den Gastmählern der Männer teilnehmen. Offensichtlich spielte auch die Erotik bei den Banketten eine gewisse Rolle. Das beweist eine Darstellung in der Tomba Querciola I aus der Zeit um 400 v. Chr., die aber so verblaßt ist, daß wir wieder auf eine Pause von Carlo Ruspi aus dem Jahr 1831 angewiesen sind (Abb. 59).

Auch den Römern gefielen die etruskischen Bankette nicht. Sie nahmen vor allem daran Anstoß, daß die Frau mit dem Mann auf der Kline lag und nicht zu seinen Füßen saß. Wenn in späterer Zeit die Frau auf der Kline ihren Platz nicht liegend, sondern sitzend einnahm, geht das vermutlich auf römischen Einfluß zurück, zumal ja das etruskische Volk immer mehr von Römern beherrscht wurde.

Eine Frau, die auf der Kline des Mannes sitzt, zeigt eine Darstellung in der Tomba degli Scudi, die am Ende des 4. Jahrhunderts v. Chr. ausgemalt wurde (Abb. 60). Dieses Bild läßt auch besonders deutlich erkennen, daß Poseidonios nicht zu Unrecht auf den Luxus der bunt bestickten Kline-Decken hinweist. Ob die Dienerin, die mit dem

60 Festliches Mahl. Tomba degli Scudi. Ende 4. Jh. v. Chr. Tarquinia

Fächer neben der Dame erscheint, aber für ihren Stand zu prächtig gekleidet ist, mag dahingestellt bleiben. Dagegen stimmt es, daß bei den Banketten nackte Sklaven bedienten, wie wir es in der Tomba dei Leopardi sehen (Abb. 35 und 36), während wir nirgends eine nackte Dienerin finden. Nicht abzuleugnen ist auch die Tatsache, daß Frauen bei Wettkämpfen nackter Athleten zusahen, wie die Bilder der Tomba delle Bighe in Tarquinia beweisen (Abb. 50 und 51).

Was nun die Vorliebe der Etruskerin für Schmuck und Kosmetik angeht, so war diese ganz gewiß stark entwickelt. Die Dame, die sich in der Tomba dei Leopardi fasziniert ihrem Partner zuwendet, trägt an beiden Armen dreiteilige Reifen (Abb. 58). Ihr Haar ist blond, also gefärbt, und mit einem Kranz geziert.

Noch weitaus geschmückter zeigt sich die kostbar gekleidete Dame aus der Tomba degli Scudi (Farbabb. 5 und Abb. 60). Die Hand, in die hinein sie von ihrem Partner ein Ei empfängt, trägt einen Ring, während beide Unterarme mit Armreifen geziert sind. Um den Hals liegt eine Kette, den Kopf krönt ein Diadem, und die von einer gepflegten Frisur halb verdeckten Ohren sind mit einem mehrteiligen Goldschmuck behängt.

Betrachtet man die Gesichter der Damen, die an den Banketten teilnehmen, dann sieht man, daß sie nicht nur schön und reizvoll, sondern auch klug, erfahren und selbstbewußt sind. Wenn Etrurien auch kein Mutterrecht kannte, war die Etruskerin sicher emanzipierter als die Griechin und die Römerin. Darum legte man ihr manches als Untugend aus, was nur dort als solche gewertet wird, wo der Mann die Gesellschaft und ihre Sitten bestimmt. Damit soll nicht ausgeschlossen werden, daß es auch mancherlei an der Etruskerin zu kritisieren gab; denn wo die Freiheiten der Frau größer sind, werden diese sowohl im positiven wie im negativen Sinne mehr genutzt.

Die Kritik der Griechen und Römer galt im übrigen nicht nur der etruskischen Frau. Ganz allgemein warf man den Etruskern vor, daß sie verweichlicht und dem Luxus und dem Wohlleben verfallen seien. Man gab dafür auch zuweilen eine Erklärung.

Der Stoiker Poseidonios beispielsweise, der viel Lobendes über die Etrusker geschrieben hat, erklärte »ihren übermäßigen Luxus und ihre Verweichlichung« damit, daß ihre Landwirtschaft überreiche Ernten erbrachte, weil der ertragreiche Boden Etruriens die verschiedensten Früchte reifen ließ und die Etrusker ihn mit größter Sorgfalt bebauten.

Des Poseidonios Schlußfolgerung lautet: »Weil die Etrusker ihr Dasein mit Gastmählern und weichlich genußvoll zubringen, kann es nicht überraschen, daß ihnen das Ansehen, das ihre Vorfahren im Krieg errungen haben, verlorenging.«[29]

Wenden wir uns noch einmal dem Schmuck der Etruskerinnen zu, jetzt aber nicht dem auf Bildern gemalten, sondern den Schmuckstücken selbst. Da man den Etruskern viel von dem, was sie zu Lebzeiten besaßen, in ihr Totenhaus mitgab, vergaß man bei den wohlhabenden Frauen auch den Schmuck nicht. Die Amateur- und Berufsarchäologen haben in zahlreichen Gräbern Schmuck gefunden, obwohl nicht wenig schon durch Grabräuber entwendet worden war. Zu den beachtlichsten Funden gehört jener, den der Erzpriester Regolini und der General Galassi mit der Entdeckung des Sorbo-Tumulus in Cerveteri schon 1836 gemacht haben. Es handelt sich um Schmuckstücke aus dem 7. Jahrhundert v. Chr., aus jener Zeit also, deren Kunst man orientalisierend nennt, weil in ihr starke Einflüsse aus dem Osten erkennbar sind.

Eines der schönsten Stücke aus dem Regolini-Galassi-Grab ist eine goldene Plattenfibel, die als Gewandspange oder als Schmuck einer Kopfbedeckung diente (Farbabb. 15 und Abb. 61). Sie besteht aus zwei verschiedenartigen Schilden, die durch zwei quergestellte, durch Scharniere verbundene Halbröhren zusammengehalten werden. Der obere Schild zeigt ein Feld mit fünf Löwen, das durch Schmuckleisten mit

61 Detail der goldenen Plattenfibel aus dem Regolini-Galassi-Grab in Cerveteri. 7. Jh. v. Chr. Vatikanische Museen (vgl. Farbabb. 15)

62 Goldenes Armband, aus dem Regolini-Galassi-Grab in Cerveteri. 7. Jh. v. Chr. Vatikanische Museen

stilisierten Blütenranken gerahmt ist; beim unteren stehen vollplastisch gebildete Entchen auf einem Boden, aus dessen Grund flache Flügellöwen getrieben wurden.

Aus dem gleichen Grab in Cerveteri stammt auch ein Reifen, den man für ein Armband hält, der aber so federleicht und biegsam ist, daß er auch ein Ohrgehänge sein könnte (Farbabb. 12 und Abb. 62–63). Der Reifen ist in Felder aufgeteilt, deren oberes die Herrin der Tiere zwischen Palmen, Greifen und Männern zeigt. Im folgenden sieht man drei weibliche Figuren, vermutlich drei Gottheiten, mit Palmetten –

ein Motiv, das sich anschließend mehrfach wiederholt. Den Rand ziert ein geometrisches Muster, bestehend aus Mäanderband, Zick-Zack-Ornament und Streifen. Die Figuren wurden in Treibarbeit geschaffen und durch Granulieren, das heißt, durch Aneinanderfügen winzig kleiner Goldkügelchen, geschmückt, während das geometrische Muster ganz durch Granulation entstanden ist.

Die Granulation spielte in der etruskischen Goldschmiedekunst eine große Rolle. Die Technik haben die Etrusker aus dem Orient übernommen. Sie ist schwierig zu handhaben; denn die Goldkörnchen können beim Auftragen auf die Goldfläche wegen der Erhitzung leicht zerfließen, abgesehen davon, daß schon die Herstellung der Kügelchen selbst äußerst kompliziert ist. Eine genaue Beschreibung des Arbeitsvorgangs gibt der deutsche Etruskologe Vacano: »Büschel feinsten Golddrahtes werden abgeschnippelt, so daß die Teilchen in einen mit Kohlenstaub gefüllten Tiegel fallen, ohne sich gegenseitig zu berühren. Der Tiegel wird hoch erhitzt, und beim Durchwaschen des wieder

63 Drei weibliche Figuren. Detail des Armbands aus dem Regolini-Galassi-Grab in Cerveteri (vgl. Abb. 62)

erkalteten Staubes zeigt es sich, daß die Drahtstückchen zu gleichmäßigen Kügelchen geschmolzen sind. Diese müssen nun in geeigneter Weise mit Kupfersalzen zusammengebracht und dann mit Speichel oder Fischleim, jedenfalls mit einer sich im anschließenden Schmelzprozeß teilweise in Kohlenstoff verwandelnden Klebesubstanz auf den zu verzierenden Grund gebracht werden. Die endgültige Verbindung ergibt sich schließlich bei sorgsam gesteuerter Hitze als ein chemischer Prozeß.«[30]

Zu den Meisterwerken der Goldschmiedekunst gehört auch eine große Schulterfibel aus dem 7. Jahrhundert v. Chr., die man im sogenannten Bernardini-Grab in Praeneste gefunden hat (Farbabb. 11). Diese Stadt, die heute Palestrina heißt, gehörte zwar zu Latium und zum latinischen Sprachbereich, besaß aber eine weitgehend etruskische Kultur. Auf die Fibel sind in kunstvoller Weise 131 vollplastische Tierfigürchen aufgesetzt, und zwar Sirenen, Pferde und Löwen, denen großenteils Menschen- oder Tierköpfe aus dem Rücken wachsen. Die Tierchen sind entstanden, indem sie in zwei Hälften gestanzt und dann zusammengelötet wurden. Die Ansatzstellen hat man durch Granulation überdeckt, durch welche die Tierchen ganz allgemein ihre kunstvolle Verzierung erhalten haben (Abb. 64).

Wenn wir in diesem Buch vom etruskischen Schmuck auch nur einige wenige Proben geben können, so wollen wir doch aus der frühen Zeit wenigstens noch die sogenannte Corsini-Fibel zeigen, die am Ende des 7. Jahrhunderts v. Chr. gearbeitet und in einem Grab in Marsiliana d'Albegna gefunden wurde (Abb. 65). Unsere Bewunderung erregen nicht nur die kleinen Löwen und Enten sowie die besonders kunstvolle Granulation, sondern auch die Komposition des Ganzen und die elegante Form. Schlangenförmig wölbt sich der Bogen mit der Nadel, die einer langen Schutzhülle zustrebt.

In den späteren Jahrhunderten wurden kaum noch Stücke in den mühsamen Techniken der Frühzeit angefertigt. Dafür aber profitierte die Goldschmiedekunst von Fertigkeiten, welche sich die anderen Künste im Laufe der Zeit angeeignet hatten. Beispielhaft in dieser Hinsicht ist der Kopf des Acheloos, der an einer aus Golddraht geflochtenen Kette hängt (Abb. 66). Der Flußgott Acheloos kämpfte mit Herakles und verwandelte sich dabei in einen Stier. Deshalb stellte man ihn mit Hörnern dar. Auf dem Anhänger aus dem 4. Jahrhundert v. Chr., den man zusammen mit seiner Kette in einem Grab in Praeneste ge-

64 Detail der großen goldenen Schulterfibel aus dem Bernadini-Grab in Praeneste. 7. Jh. v. Chr. Rom, Villa Giulia (vgl. Farbabb. 11)

funden hat, zeichnet sich das gehörnte Haupt durch gute Modellierung und das Gesicht durch Natürlichkeit und Ausdruckskraft aus. Das hängt zweifellos mit der Entwicklung der Porträtkunst zusammen, die zu diesem Zeitpunkt ihrem Höhepunkt zustrebte.

In Vulci hat man auch Goldschmuck gefunden, den man Männern mit ins Grab gegeben hat (Farbabb. 13 und 14). Es sind Diademe aus wohlgeformten goldenen Blättern, die aus gegeneinander gerichteten Zweigen hervorwachsen und vermutlich am Ende der klassischen Zeit entstanden sind.

So wie der in Gräbern gefundene Schmuck darauf hindeutet, daß man der Etruskerin nicht zu Unrecht Schmuckbedürfnis nachsagte, bestätigen ebenfalls in Gräbern aufgefundene Toilettengegenstände ihren Sinn für Körperpflege und Kosmetik.

Äußerst reizvoll ist eine kauernde Hirschkuh aus Holz, die aus Praeneste stammt und im 4. oder 3. Jahrhundert v. Chr. angefertigt wurde (Abb. 67). Das kleine Tier besteht aus zwei Teilen, von denen man den oberen als Deckel zur Seite drehen kann. Es erscheinen dann im Inneren Näpfchen, in denen Schminke aufbewahrt wurde.

In Praeneste fand man auch kostbare Cisten, die den Frauen zur Aufbewahrung von Toilettengegenständen dienten. Zu den besonders attraktiven zylindrischen Bronzebehältern gehört eine Ciste mit Gra-

65 Sogenannte Corsini-Fibel, aus einem Grab in Marsiliana d'Albegna. Ende 7. Jh. v. Chr. Florenz, Museo Archeologico Nazionale

66 Goldkette mit Acheloos-Kopf, aus einem Grab in Praeneste. 4. Jh. v. Chr. Rom, Villa Giulia

vierungen aus der Zeit um 330 v. Chr. Dargestellt sind zwischen Ornamentbändern von Lotos und Palmetten Szenen aus dem Ödipus-Mythos sowie das Paris-Urteil, und zwar so vollendet, daß man auf griechische Einflüsse aus Unteritalien schließen kann (Abb. 68).

Die Füße des zylindrischen Behälters sind denen von Löwen nachgebildet und stehen auf Kröten. Über ihnen sieht man Reliefs von weiblichen Flügelwesen, die sich kämmen. Der hervorragend gearbei-

67 Schminkdöschen in Form einer Hirschkuh aus Praeneste. 4.–3. Jh. v. Chr. Rom, Villa Giulia

tete Deckelgriff besteht aus drei Figuren, von denen einige meinen, es seien zwei Amazonen, die eine tote Mitkämpferin forttragen, während andere in den Gestalten in Rüstung männliche Krieger zu erkennen glauben (Abb. 69).

Zu den kosmetischen Gegenständen gehören auch die Spiegel, die man in unvorstellbarer Zahl in Frauengräbern gefunden hat. Die Spiegel bestehen aus Bronze, und während ihre Vorderseiten ihrem Zweck entsprechend geschliffen und poliert sind, finden sich auf den Rückseiten eingravierte Zeichnungen. Bei diesen handelt es sich zumeist um mythologische Darstellungen, die so vielfältig sind, daß sie den Stoff für eine kleine etruskische Mythologie hergäben.

Wir wollen uns mit *einem* Spiegel als Beispiel begnügen und zeigen jenen, der sich in der Eremitage in St. Petersburg befindet (Abb. 70). Er

68 Bronze-Ciste aus Praeneste. Um 330 v. Chr. Rom, Villa Giulia ▷

69 Deckelgriff der Ciste von Abb. 68

stammt aus dem 4. Jahrhundert v. Chr.; sein Fundort ist unbekannt. Der Spiegel ist etruskisch beschriftet, der Stil seiner Gravierung dagegen ist stark von der späten griechischen Klassik beeinflußt. Auch im dargestellten Mythos klingt Griechisches an. Wie sich mühelos – jeweils von rechts nach links – lesen läßt, sind die beiden Hauptfiguren Turan und Atunis. Turan entspricht der griechischen Aphrodite, der Göttin von Schönheit und Liebe, die hier ihren geliebten Adonis

70 Bronzespiegel mit Turan und Atunis. 4. Jh. v. Chr. St. Petersburg, Eremitage. Nachzeichnung von E. Gerhard

umarmt, den die Etrusker Atunis nannten. Die etruskische Turan erscheint den Forschern meist hoheitsvoller und erhabener als die griechische Aphrodite, und sie weisen darauf hin, daß ihr Name dem griechischen *tyrannos* verwandt ist und als *Herrin* übersetzt werden muß. Der österreichische Archäologe Pfiffig dagegen verweist darauf, daß *tur* im Etruskischen *geben* heißt und Turan darum *die Gebende* bedeutet.[31]

Rechts von der Göttin sitzt eine geflügelte Frauengestalt, die in der Rechten eine Frisiernadel und in der Linken ein Alabastron, ein Salbgefäß, hält. Sie ist als Zirna bezeichnet und gehört zu den Lasen, engelhaften Geistern der etruskischen Mythologie, die man oft im Gefolge Turans findet. Geflügelte Geister schmücken auch den Rand des Spiegels, in dessen Mitte außer den drei Figuren noch ein riesiger Schwan erscheint, der sich der Liebesgöttin zuwendet. In der griechischen Mythologie finden wir Darstellungen, in denen die Göttin auf einem Schwan reitet.

Zu den Aufgaben der Frau gehörten die Verwaltung und vermutlich auch die Beschaffung des Hausrates, den man in großer Fülle den Toten in ihre Gräber mitgab.

Besonders kostbar ist ein goldenes Trinkgefäß aus der Mitte des 7. Jahrhunderts v. Chr., das man im Bernardini-Grab in Praeneste gefunden hat (Abb. 71). In der Art eines Skyphos (Trinkgefäß mit waagerechten Henkeln) gearbeitet, hat es eine sehr edle, ganz einfache Form. Der Gefäßkörper zeigt keinerlei Ornament, aber die Henkel schmücken je zwei Sphingen, die aus Goldblech getrieben sind (Abb. 72). In ihrer hieratischen Ruhe und der Feierlichkeit ihres Granulationsschmucks gemahnen sie an Figuren des Orients, dessen Einflüsse in der Kunst des 7. Jahrhunderts v. Chr. überall spürbar sind.

Wenn man durch die kleinen und großen Museen etruskischer Kunst geht, vermerkt man mit Staunen, was alles an Keramik in etruskischen Gräbern gefunden worden ist. Es gibt sehr viel Importware, vor allem aus Griechenland. Unter den Erzeugnissen eigener etruskischer Kunsttätigkeit nehmen die Bucchero-Gefäße einen besonderen Rang ein. Während die frühe Keramik der Etrusker aus roh geknetetem und nicht gereinigtem Material bestand, wurde bei der Bucchero-

1 Tumulus in der Nekropole von Cerveteri ▷

2 Tanzpaar. Tomba delle Leonesse. Um 520 v. Chr. Tarquinia

3 Teilnehmer am Gastmahl. Tomba della Leonesse. Um 520 v. Chr. Tarquinia

4 Paar beim Gastmahl mit Musikanten. Tomba degli Scudi. Ende 4. Jh. v. Chr. Tarquinia

5 Dame beim Gastmahl. Tomba degli Scudi. Ende 4. Jh. v. Chr. Tarquinia

6 Flötenspieler. Tomba dei Leopardi. Um 475 v. Chr. Tarquinia

7 Lyraspieler. Tomba dei Leopardi. Um 475 v. Chr. Tarquinia

8 Huldigung an eine Herrin. Tomba del Barone. Ende 6. Jh. v. Chr. Tarquinia

9 Schiff. Tomba della Nave. Ende 5. Jh. Ergänzte und kolorierte Nachzeichnung

10 Tänzerin. Tomba dei Giocolieri. Um 510 v. Chr. Tarquinia

11 Schulterfibel, aus dem Bernardini-Grab in Praeneste. 7. Jh. v. Chr. Rom, Villa Giulia

12 Goldene Armbänder, aus dem Regolini-Galassi-Grab in Cerveteri. 7. Jh. v. Chr. Vatikanische Museen

13 Goldener Lorbeerkranz, aus Vulci. Um 400 v. Chr. Vatikanische Museen

14 Goldblattdiadem, aus Vulci. 4. Jh. v. Chr. Vatikanische Museen

15 Goldene Plattenfibel, aus dem Regolini-Galassi-Grab in Cerveteri. 7. Jh. v. Chr. Vatikanische Museen

16 Velia, Gattin des Arnth Velcha. Tomba dell'Orco I. Um 350. Tarquinia

17 Charun. Tomba degli Anina. 3.–2. Jh. v. Chr. Tarquinia

18 Vanth. Tomba degli Anina. 3.–2. Jh. v. Chr. Tarquinia

19 Mänade. Antefix vom Tempel von Portenaccio in Veii. Um 500 v. Chr. Rom, Villa Giulia

20 Silen. Antefix vom Tempel von Portenaccio in Veii. Um 500 v. Chr. Rom, Villa Giulia

21 Dämonen. Tomba dei Demoni Azzuri. Ende 5. Jh. v. Chr. Tarquinia. Ergänzte und kolorierte Nachzeichnung

71 Goldenes Trinkgefäß aus dem Bernardini-Grab in Praeneste. Mitte 7. Jh. v. Chr. Rom, Villa Giulia

Ware der Ton fein gesäubert und geschlämmt. Auch wurde die Brandtechnik weiterentwickelt, und es entstand jene Ware, die tiefschwarz und glänzend ist. Die schwarze Färbung, die sich auch im Bruch findet, dürfte durch reduzierenden Brand in dem eisenhaltigen Ton entstanden sein.

Zwei Bucchero-Gefäße, die beide in Cerveteri gefunden wurden und in der Zeit um 600 v. Chr. entstanden sind, mögen als Beispiele dienen (Abb. 73). Das rechte ist eine Schale, die nicht nur einen Fuß, sondern auch vier Stützen hat, von denen zwei aus Ornamenten bestehen und zwei aus geflügelten Frauenfiguren. Die Schale selbst ist mit Stäben, Stabband und gepunkteten Halbkreisen verziert.

Das andere Gefäß, eine Kanne, hat einen Leib wie der Vogel Strauß und zwei Köpfe von Vierfüßlern, deren durchlöcherte Mäuler als Tül-

72 Sphingen auf einem Henkel des goldenen Trinkgefäßes von Abb. 71

len der Kanne dienen und in deren Hirnen Stöpsel stecken, die stilisierten Blumen gleichen. Am seltsamsten jedoch ist der Henkel, welcher die Rückenstütze eines Mannes bildet, der auf dem Straußenrücken wie ein Wagenlenker steht und seine vermeintlichen Rosse zügelt.

An diesem skurrilen Gefäß sieht man, daß die Etrusker einen Sinn für das Absurde und Groteske – zeitgemäßer gesagt: für das Surrealistische – hatten. Bestätigt wird das durch einen Kopfbecher aus dem 4. Jahrhundert v. Chr., der ein Dämonengesicht zeigt (Abb. 74).

Wie aus Holz geschnitzt wirkt das Gesicht mit den tief eingegrabenen Falten, den langgezogenen Brauen, den weit aufgerissenen Augen,

73 Bucchero-Gefäße aus Cerveteri. Um 600 v. Chr. Vatikanische Museen

74 Kopfbecher mit Dämonengesicht. 4. Jh. v. Chr. München, Staatliche Antikensammlungen

der Hakennase, dem Spitzbärtchen und dem Hängeschnurrbart. Niedlich gekräuselte Härchen zieren die Wangen des komischen Dämons, während ihm seine Stehhaare eine groteske Autorität verleihen. Die Ohren sind verdoppelt, da aus dem ornamentierten Menschenohr jeweils noch ein Tierohr hervorgewachsen ist. Mag der Nasenschmuck auch erneuert sein, Löcher an Ohren und Nase lassen auf solche Anhänger schließen. An der Rückseite des Halses trägt der Dämon noch ein zweites Gesicht mit den Zügen Pans, des arkadischen Wald- und Weidegottes.

Surrealistische Elemente lassen sich auch bei den etruskischen Bronzeleuchtern feststellen (Abb. 75). Nicht selten steigen sie aus drei Menschen- oder Tierbeinen, wenn nicht gar aus einem menschlichen Unterkörper, auf. Bisweilen winden sich Schlangen oder laufen Kleintiere und Vögel an ihren Schäften empor. Die Kandelaberschäfte kön-

75 Bronzeleuchter aus dem 5. und 4. Jh. v. Chr. Rom, Villa Giulia

nen auch als Stengel gestaltet sein, die Blüten tragen. Sie wachsen nicht selten aus menschlichen Figuren hervor, die sich als Athleten oder Tänzer geben und denen man – so sie aus dem 5. Jahrhundert v. Chr. stammen – ansieht, daß die Etrusker lange im Spätarchaischen verharrten, weil ihnen das Klassische wenig lag.

Zum Schluß sei noch ein kleiner Bronzewagen gezeigt, der in der Nekropole dell'Olmo Bello in Bisenzio gefunden wurde, das zwischen Vulci und Bolsena liegt (Abb. 76). Das Wägelchen, das schon in der Zeit um 700 v. Chr. entstand, versammelt zwischen seinem Gestänge allerlei Volk: Frauen, Krieger und Bauern, diese noch mit Ochsen und Pflug. Es war dazu bestimmt, ein Räucherbecken hin und her zu bewegen, das Wohlgerüche verbreitete. Ein Räuchergerät, auch *Thymiaterion* genannt, wurde beim Symposion, aber auch bei festlichen Umzügen und kultischen Handlungen verwendet.

76 Bronzener Räucherwagen aus der Nekropole dell'Olmo Bello in Bisenzio. Um 700 v. Chr. Rom, Villa Giulia

Von der Villanova-Urne zum Porträt

Bisher war in diesem Buch nur von Gräbern die Rede. In der Zeit vom Anfang des 1. Jahrtausends bis etwa zum 6. Jahrhundert v. Chr. war es aber bei den italischen Stämmen üblich, die Toten zu verbrennen. Man spricht bei solcher Beisetzungsform von Villanova-Kultur, seitdem Graf Gozzardini 1854 in Villanova, einem Vorort von Bologna, einen für diese Kultur typischen Urnenfriedhof ausgegraben hat. Auch das etruskische Volk, das sich aus Einheimischen und Eingewanderten auf italischem Boden gebildet hatte, nahm in den ersten Jahrhunderten seiner Geschichte – mancherorts länger, mancherorts kürzer – an der Villanova-Kultur teil.

Die einfache Villanova-Urne unterscheidet sich nicht von einem Wassergefäß aus dunklem Ton (Abb. 77). Sie verbreitert sich vom Boden aus nach der Mitte zu und wird zur Ausgußöffnung hin wieder schlanker. Geometrische Muster sind ihr Schmuck. Zum Tragen des Gefäßes dient ein einziger fester Griff. Den Deckel bildete ein Napf, der mit der Öffnung nach oben oder umgestülpt aufgelegt wurde.

Die Beisetzung der Urnen fand in einem Pozzo-Grab, auch Pozzetto-Grab genannt, statt, also in einer schachtartigen Grube. Man stellte die Urne dabei entweder in eine Custodia, in ein zweites größeres Gefäß, das meist aus festerem Material bestand (Abb. 78 a), oder man setzte sie direkt in einen von Bruchsteinen eingefaßten Pozzo (Abb. 78 b). Um die Urne herum füllte man alle Reste des Scheiterhaufens ein, damit nichts von dem, was mit dem Toten in Berührung stand, verlorenging.

So seltsam es klingt: Die Porträtkunst, in der die Etrusker Bedeutendes geleistet haben, entwickelte sich aus der Totenverbrennung und dem Bergen der Asche. Wie der Bestattete sollte auch der Verbrannte mit einem Teil seiner Individualität weiterleben können, nicht zuletzt dadurch, daß man seinen Körper und vor allem seinen Kopf und sein Gesicht wiederherstellte.

77 Villanova-Urne. 8. Jh. v. Chr. Bologna, Museo Civico Archeologico

78 Villanova-Urnen in Pozzetto-Gräbern: a) in einer Custodia, b) in einer ▷
Steineinfassung

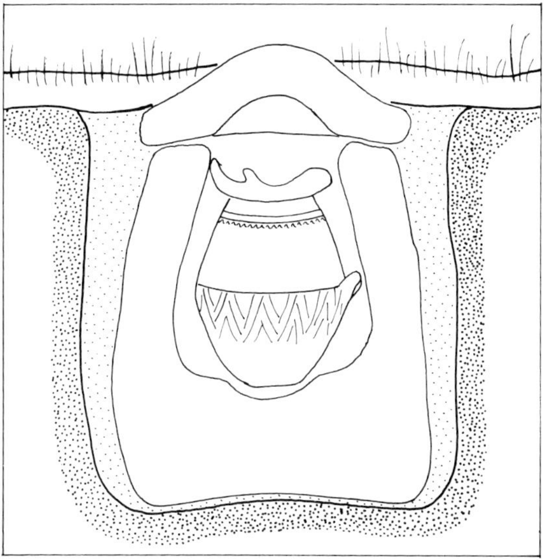

a)

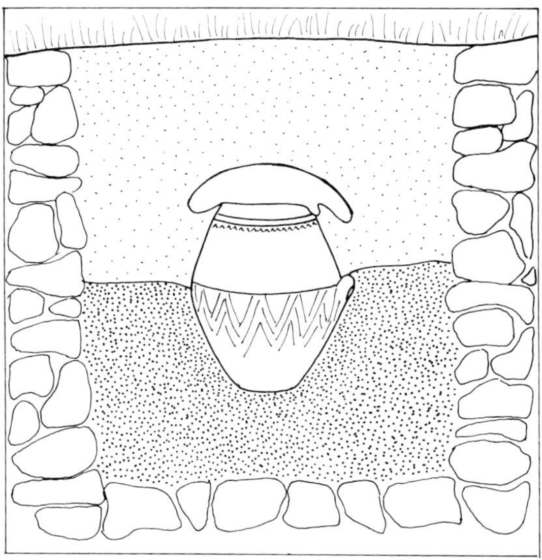

b)

79 Helmurne aus Tarquinia. 8. Jh. v. Chr. Florenz, Museo Archeologico Nazionale

Es begann im 8. Jahrhundert v. Chr. damit, daß man der Urne statt eines Napfes einen Helm aufsetzte (Abb. 79). Man wollte zeigen, daß in der Urne die Asche eines Kriegers ruht, und machte – noch in ganz abstrakter Weise – die Urne zu seinem Körper und ihren Deckel zu seinem Kopf.

Im 7. Jahrhundert v. Chr. ging man einen Schritt weiter: Man band den Urnen Gesichtsmasken vor (Abb. 80). Damit wollte man das Gesicht des Toten im Bild festhalten und es ihm auf diese Weise wiedergeben. Gewiß, alles ist noch sehr klischeehaft. Eine Maske sieht noch wie die andere aus. Dargestellt sind ganz einfach die Grundzüge des menschlichen Gesichts: Kinn, Mund, Nase, Augen und Brauen. Aber es sollte doch der Mensch sein, dessen Asche hinter der Maske aufbewahrt wurde. Und damit wurde der erste Schritt zum Porträt hin getan.

Um zu demonstrieren, wie eine Urne mit Gesichtsmaske ausgesehen hat, band Leonard von Matt im Museum von Chiusi die in Abbildung 80 gezeigte Maske einer Urne vor und fotografierte sie so. Man erkennt deutlich, daß diese dadurch schon ein gewisses menschliches Aussehen bekommt (Abb. 81).

Es wurde jetzt Sitte, auch die Urne dem menschlichen Körper nachzubilden, wie ein bemaltes Aschengefäß aus Chiusi zeigt (Abb. 82). Die Urne hat Arme, aber das Gesicht ist viel primitiver als das Maskengesicht aus dem gleichen 7. Jahrhundert. Es besteht aus einer Andeutung von Nase und Augen in einem Kopf, der wie ein umgedrehter Topf wirkt. Im übrigen scheint das Gefäß die Asche eines angesehenen Toten bewahrt zu haben, da man es auf einen Sessel gestellt hat.

Urnen, denen ein Kopf aufgesetzt ist, nennt man Kanopen. Der Ausdruck ist nicht ganz gerechtfertigt; denn Kanopen sind eigentlich die durch einen Kopf gekrönten Krüge der Ägypter, in denen aber nicht Aschenreste, sondern die Eingeweide der mumifizierten Toten aufbewahrt wurden.

Eine bessere Ausformung des Gesichtes als bei der bemalten Kanope von Chiusi finden wir bei einer tönernen Urne aus Castiglione del Lago, die ebenfalls im 7. Jahrhundert v. Chr. geschaffen wurde (Abb. 83). Der runde Kopf hat sogar Ohren, die mit bronzenen Ohrringen geschmückt waren, von denen einer noch vorhanden ist. Es scheint sich also um die Aschenurne einer weiblichen Toten zu handeln, worauf auch die besonders markierten Brustwarzen hindeuten.

80 Gesichtsmaske für eine Urne. 7. Jh. v. Chr. Chiusi, Museo Etrusco

81 Gesichtsmaske von Abb. 80, einer Urne aus dem Museum von Chiusi vorgebunden und so fotografiert von Leonard von Matt

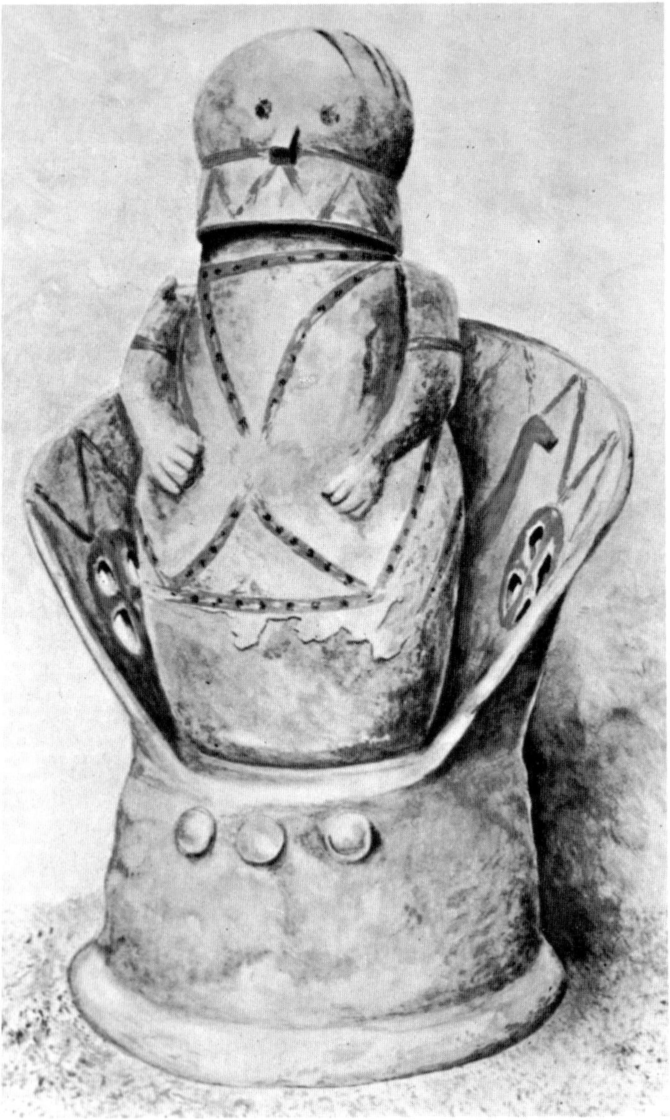

82 Bemalte Kanope aus Chiusi. 7. Jh. v. Chr. Florenz, Museo Archeologico Nazionale

Betrachtet man die Kanope aus dem Gebiet von Sarteano, die etwa ein halbes Jahrhundert später entstand, dann erkennt man, wieviel weiter die Porträtkunst sich entwickelt hat (Abb. 84). Gewiß, noch handelt es sich nicht um ein individuelles Gesicht, aber man hat es bereits mit einem wirklich menschlichen Gesicht zu tun. Weit geöffnet sind die Augen. Über einem etwas streng geschlossenen Mund steht eine wohlgeformte Nase, welche die gut durchmodellierten Züge symmetrisch teilt. Auch die Ohren entsprechen den Proportionen. Um das

83 Kanope mit Ohrring aus Castiglione del Lago. 7. Jh. v. Chr. Florenz, Museo Archeologico Nazionale

84 Kanope aus dem Gebiet von Sarteano. Anfang 6. Jh. v. Chr. Arezzo, Museo Archeologico Mecenate

Urnengefäß selbst an der ›Vermenschlichung‹ teilhaben zu lassen, hat man in die Henkel Arme mit exakt ausgearbeiteten Händen gesteckt.

Ebenfalls als Aschenurne diente der berühmte Ehegatten-Sarkophag aus Ton, der am Ende des 6. Jahrhunderts v. Chr. in Cerveteri entstand und heute zu den wertvollsten Kunstgegenständen der Villa Giulia in Rom gehört (Abb. 85).

Ein Ehepaar liegt auf einer Kline, einem Bett. Die Oberkörper sind aufgerichtet und gut ausgeformt, während die unteren Körperpartien bei der Gestaltung völlig vernachlässigt wurden. Das paßt ganz zu den Kanopen, bei denen alles Gewicht auf Kopf und Gesicht gelegt war, und entspricht der etruskischen Neigung zur Porträtdarstellung. Ausgearbeitet an den Unterkörpern sind einzig die nackten Füße des Mannes und die mit Schnabelschuhen bekleideten der Frau.

Nicht nur die Ausformung, auch die Komposition der beiden Oberkörper verdient Beachtung (Abb. 86). Der Mann hat seine Linke zur Opfergeste ausgestreckt, während seine Rechte auf der Schulter der Gattin ruht, und zwar so, daß die Hand freies Spiel hat. Die Hände der Frau aber scheinen eine Sprache zu sprechen, die wir nicht mehr verstehen. Vielleicht hielt die eine Hand ein Ei – das läßt sich nicht mehr feststellen.

Obwohl den Gesichtern die eingelegten Augen fehlen, wirken sie höchst lebendig. Der Ehegatten-Sarkophag ist zweifellos von der griechischen Kunst beeinflußt, was allein schon das Ornament der Kline-Füße beweist. Dennoch findet man bei griechischen Figuren im ausgehenden 6. Jahrhundert, also noch in der archaischen Zeit, selten so viel lebendige Ausdruckskraft in den Gesichtern wie bei den Ehegatten dieses Sarkophages. Was den Gesichtern noch fehlt, ist das Individuelle, das sie erst zu Porträts machen würde. Die Tendenz zur Individualisierung ist bereits vorhanden, bis zur Verwirklichung dauert es aber noch geraume Zeit. Es bedarf noch einer längeren Entwicklung, bis der Zustand erreicht ist, den wir auf einem anderen Ehegattensarkophag antreffen (Abb. 87).

Dieser Sarkophag, der zur Körperbestattung diente und bei dem es uns ausschließlich auf den Deckel ankommt, stammt aus Vulci und befindet sich im Museum of Fine Arts in Boston. Seine Datierung ist umstritten. Bianchi Bandinelli hat sich für die Zeit von 370 bis 360 entschieden[32], während das Museum von Boston das 3. Jahrhundert v. Chr. angibt. Für beide Datierungen gibt es vertretbare Gründe.

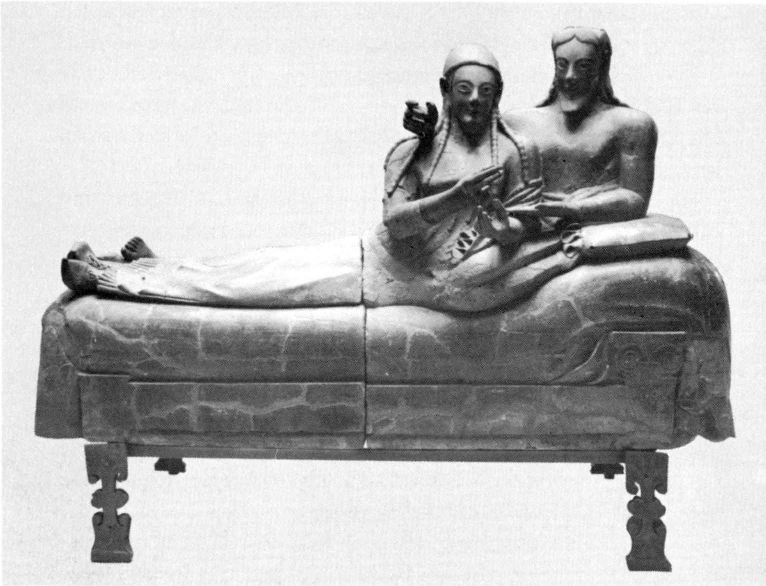

85 Sogenannter Ehegatten-Sarkophag aus Cerveteri. Ende 6. Jh. v. Chr. Rom, Villa Giulia

Ohne Zweifel sind in dem Relief der liegenden Ehegatten klassisch griechische Einflüsse erkennbar. Die Unterkörper sind – ganz gegen etruskische Gewohnheit – gut ausgearbeitet, so daß ihre schönen Formen durch die mit Falten überzogene Decke hindurchscheinen. Wurden die Vermählten bei der Hochzeit mit einem gemeinsamen Schleier bedeckt, so liegen sie jetzt unter demselben Grabtuch. Die Oberkörper des Paares erscheinen in idealisierter Nacktheit, während die Gesichter an klassisch griechischer Schönheit teilhaben. Im 5. Jahrhundert v. Chr., in dem die griechische Klassik ihren Höhepunkt erlebte, standen die Etrusker verhältnismäßig unbeteiligt beiseite, weil ihnen das Gesetz der vollkommenen Form fremder war als die Freude an Fülle, Lebendigkeit und – bisweilen primitiver – Vitalität. Erst später fanden klassische Tendenzen bei ihnen Eingang, wie der Sarkophagdeckel von Vulci zeigt. Aber dennoch sind die Gesichter der Gatten trotz ihrer Schönheit nicht Ausdruck allgemeinen vollkommenen Menschentums. Sie tragen individuelle Züge und sind schon Porträts im Gegensatz zu den Gesichtern der Ehegatten auf dem Urnensarkophag von Cerveteri.

Auch unabhängig von der Grabkunst im eigentlichen Sinne entstanden im 3. Jahrhundert Porträtplastiken. Als die berühmteste aus dieser Zeit gilt der Knabenkopf, der früher zu einer Statue gehörte und sich heute im Archäologischen Museum in Florenz befindet (Abb. 88).

Betrachtet man den Kopf zum erstenmal, dann kann es sein, daß einem zwar das Realistische in der Behandlung der knabenhaft ungeordneten Haarsträhnen auffällt, daß man sonst aber nur die große und klare Form, die zweifellos von griechischer Beeinflussung herrührt, wahrnimmt. Doch wieviel Neues und Andersartiges entdeckt man bei genauerem Hinsehen! Griechische Knabengesichter sind voller. Auch

86 Ehepaar vom sogenannten Ehegatten-Sarkophag aus Cerveteri (vgl. Abb. 85)

87 Deckel eines Sarkophags aus Vulci. 4. oder 3. Jh. v. Chr. Boston, Museum of Fine Arts

ist die Symmetrie hier mehr scheinbar als tatsächlich vorhanden. Die beiden Gesichtshälften weichen nicht wenig voneinander ab. Das linke Auge des Knaben sitzt höher als das rechte, was nicht nur durch die leichte Neigung des Kopfes nach rechts bedingt ist. Im übrigen erscheint der Schnitt des rechten Auges länglicher als der des linken, bei dem das Oberlid breiter und das Unterlid schmaler als beim rechten ausfällt. Die Mundlinie macht die Aufwärtsbewegung der Augenpartie von links nach rechts nicht mit und gibt – nicht zuletzt durch die schmalere Ober- und die breitere, leicht herabhängende Unterlippe – dem Gesichtsausdruck eine eigenwillige Note.

Was alles drückt sich darüber hinaus in den klaren und scheinbar eindeutigen Zügen dieses Gesichts aus: knabenhafte Anmut, ein bereits eigener Wille, früher Ernst und beginnendes Wissen, aber dennoch ein noch nicht enttäuschtes Vertrauen und ein Anflug von Trauer.

Der uns unbekannte etruskische Künstler hat mit diesem Kopfbildnis ein Knabenporträt geschaffen, das zu den besten der Weltkunst gehört.

Bei den Kunstwerken, die um und nach 100 v. Chr. entstanden sind, fällt vor allem die Tendenz zu einer naturalistischen Wirklichkeitstreue auf. Unter diesem Gesichtspunkt wäre an erster Stelle die Bronzestatue eines Mannes aus der Zeit der Wende zum 1. Jahrhundert v. Chr. zu nennen, deren Herkunftsort nicht feststeht und die im Archäologischen Museum in Florenz aufgestellt ist (Abb. 89). Der etruskischen Inschrift am Saum seines Gewandes kann man entnehmen, daß der Mann Aule Meteli – auf lateinisch: Aulus Metellus – hieß. Vielleicht übte er ein politisches Amt in einer zu Etrurien gehörenden Stadt aus, die ihn nach seinem Tod durch eine Statue ehrte.[33]

Aule Meteli trägt eine Tunica und eine römische Toga, jedoch nicht mit jener Würde, wie man sie von den Römern her kennt. Die Toga ist unordentlich gelegt und zu eng um den Körper geschlungen, wodurch die scharfkantigen Falten unschön fallen, während ein faltenreicher Wulst ihren oberen Abschluß bildet.

Der Mann hat den Bauch vorgeschoben; und sein linkes Bein, das durch den hohen Schuh und den verhältnismäßig weit hinaufreichenden Gewandsaum ohnehin nicht schön wirkt, zeichnet sich unvorteilhaft auf der Toga ab.

Wenn auch der Dargestellte auf sein Äußeres keinen großen Wert legt, so weiß er sich doch Ansehen, Geltung und vor allem Gehör zu

88 Knabenkopf. 3. Jh. v. Chr. Florenz, Museo Archeologico Nazionale

verschaffen. Man hat Aule Meteli richtig eingeschätzt, wenn man ihn 1789 als Arringatore, als öffentlichen Redner, bezeichnete; denn alles an ihm – der erhobene Arm mit der geradezu redenden Hand, die Linke, die alle Energien zu sammeln und festzuhalten scheint, die sich präsentierende Haltung – ist Geste eines Menschen, der gewohnt ist, Massen anzusprechen, zu überzeugen und zu beherrschen.

Dem Gesicht fehlt das, was ein Menschengesicht anziehend macht (Abb. 90). Es ist für das Alter des Redners zu faltenreich, verknittert und eher häßlich als schön. Es wirkt nicht besonders sympathisch, nicht weise, nicht geistvoll, ja nicht einmal wirklich intelligent. Weder zu den Wissenden noch zu den Idealisten, noch zu den Verkündern

89 Der sogenannte Arringatore. Um 100 v. Chr. Florenz, Museo Archeologico Nazionale

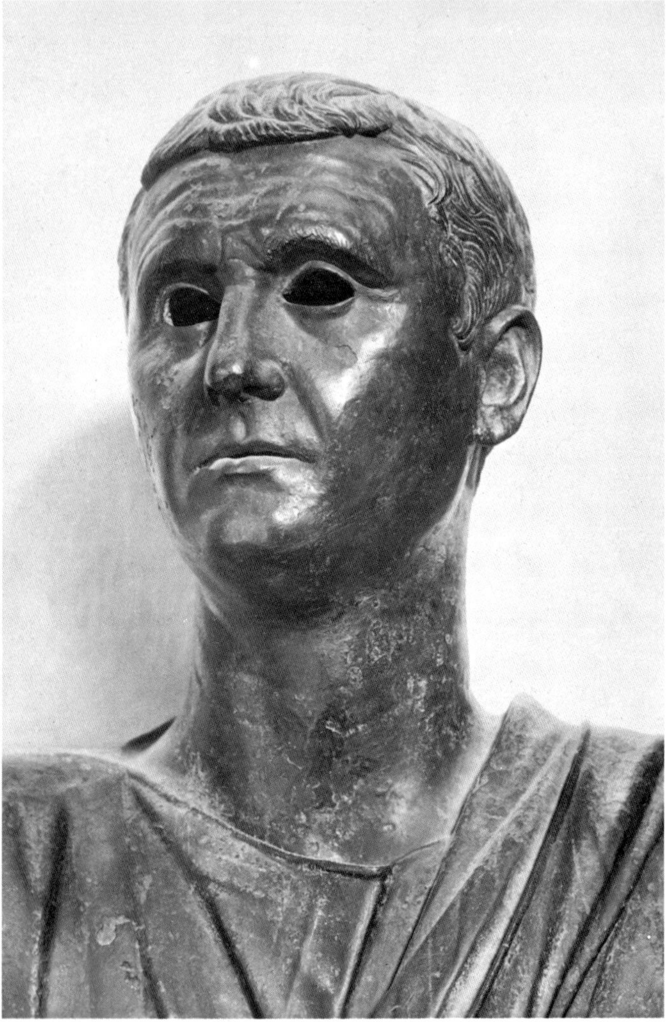

90 Kopf des Arringatore (vgl. Abb. 89)

91 Ehepaar auf einem Urnendeckel. 1. Hälfte 1. Jh. v. Chr. Volterra, Museo Etrusco Guarnacci ▷

92 Gesicht der Ehefrau vom Deckel der Volterraner Urne (vgl. Abb. 91) ▷

ethischer Zielsetzung gehört dieser Mann. Und doch erkennt man deutlich, daß er seine Zuhörer in der Hand hat, daß er jeden sich regenden Widerspruch durch seine Bestimmtheit niederhält. Überlegen erhebt sich sein mittelmäßiger, runder Kopf über die Massen. Bedauerlich, daß die eingelegten Augen fehlen. Man kann sich ihren beherrschenden Blick gut vorstellen. Der Mund ist geschlossen. Anscheinend hat der Redner seinen entscheidenden Satz beendet, der sich einprägen soll, ehe der nächste folgt. Der Arringatore ist kein Schreier, kein billiger Agitator, sondern ein Könner, ein geschulter Funktionär, ein meisterhafter Anwalt der von ihm vertretenen Sache.

In dieser Statue zeigt sich, wie sich die Etrusker in der Charakterisierung eines Menschen, in der Darstellung des Einmaligen, Individuellen beständig vervollkommnen. Dabei tritt das, was sie von altersher auszeichnete, immer deutlicher zutage: die Gabe, ihren Bildwerken lebendigen Ausdruck zu verleihen.

Ein Beispiel dafür ist nicht nur der Arringatore, sondern – in seiner Art – auch ein Ehepaar aus Ton, das auf dem Deckel einer Aschenurne liegt, die man in Volterra gefunden hat (Abb. 91). Die in der 1. Hälfte des 1. Jahrhunderts v. Chr. geschaffene Darstellung ist volkstümlich und so kraß naturalistisch, daß man fast schon von Verismus sprechen muß, weil die harte Wirklichkeit hier wahrheitsgetreu bis ins letzte geschildert wird.

Die Unterkörper des Paares sind noch schlechter ausgearbeitet, als es bei den Etruskern sonst schon üblich ist. Sie sind außerdem viel zu kurz, was zu den Eigentümlichkeiten des Stils der Urnen aus dem Bereich von Volterra gehört.

Der Mann stammt aus einfachen Verhältnissen. Er könnte ein kleiner Handwerker sein. Das runzlige und durchfurchte Gesicht scheint mißvergnügt, ja schwermütig; und die Augen, bei denen die Iris vom Oberlid überschnitten wird, blicken nicht gerade zuversichtlich in die Ferne. Auch er trägt den Kranz der Verstorbenen, und zwar sehr betont. Wie ein aufgeblasener Gummiring liegt der wulstige Reifen eng um seine Haare. Es fehlt auch die Spendenschale nicht. Sie ist umgedreht und zeigt ein etwas plumpes Ornament. Der Mann hat seine verarbeitete Hand darauf gelegt; und es fällt auf, daß Zeige- und kleiner Finger zu der gleichen beschwörenden oder abwehrenden Geste ausgestreckt sind, die wir schon von der Tänzerin in der Tomba delle Leonesse in Tarquinia kennen (Farbabb. 2).

93 Porträt eines Mannes aus Cerveteri. 50–40 v. Chr. Rom, Villa Giulia

Neben dem Mann liegt bäuchlings seine Frau (Abb. 92). Ihre Züge weisen gleich den seinen Spuren eines arbeitsreichen Lebens auf. Die welke Haut, Falten und Krähenfüße lassen erkennen, daß sie ihm altersmäßig entspricht. Wenn man in ihr Gesicht schaut, glaubt man zu wissen, daß ihr Mann es nicht immer ganz leicht im Leben bei ihr hatte. Doch nun sind die Augen in diesem ausdrucksvollen Gesicht, losgelöst vom Irdischen, in weite Fernen gerichtet.

Im gleichen Jahrhundert, aber etwas später als die Urne von Volterra, entstand das Terrakotta-Porträt eines Mannes, das man beim Tempel von Manganello in Cerveteri gefunden hat (Abb. 93).

Der Dargestellte hat eine rotbraune Hautfarbe und graues Haar. Er ist nicht mehr ganz jung, und die Strapazen seines vermutlich bäuerlichen Lebens haben ihre Spuren hinterlassen. Tiefe Falten durchfurchen die Stirn, die verhältnismäßig schmalen, geschlossenen Lippen verraten Willensstärke und Entschlossenheit, während die Augen und ihr Blick auf einen realistischen Sinn schließen lassen. Das Nasenbein ist stark verbogen, und die Ohren stehen ab, doch der Künstler hat diese Schönheitsfehler nicht korrigiert. Es geht ihm um eine so radikale Porträttreue, wie wir sie bisher kaum erlebt haben. Das spätrepublikanische römische Porträt übte offensichtlich einen gewissen Einfluß auf die etruskische Bildnisplastik aus; und wir sind in dieser Zeit im Fluß der Entwicklung an dem Punkt angekommen, an dem die etruskische Porträtkunst in die römische einmündete.

Tempel und Götter

Die Etrusker bauten, ebenso wie die Griechen und Römer, auch ihren Göttern Häuser, also Tempel. Diesen erging es fast genauso wie den Häusern der Menschen. Da ihre Mauern aus Fachwerk oder luftgetrockneten Ziegeln errichtet waren, überstanden sie die Jahrtausende nicht. Aus Steinen gebaut wurde einzig der im 3. Jahrhundert v. Chr. entstandene Tempel in Fiesole, aber auch der ist eine Ruine. Wir kennen noch einigermaßen erhaltene oder restaurierte griechische und römische Tempel, aber keinen einzigen etruskischen. Außer den steinernen Fundamenten sowie einigem herabgefallenen und wiederausgegrabenen Terrakotta-Schmuck ist nichts mehr übriggeblieben.

Und doch wissen wir recht genau, wie der etruskische Tempel ausgesehen hat. Vitruv, Baumeister und Ingenieur zur Zeit des Kaisers Augustus, hat eingehend beschrieben, wie ein etruskischer Tempel gebaut sein muß.[34] Dazu bieten noch vorhandene Fundamente brauchbares Anschauungsmaterial.

Wenn wir den Unterbau des Haupttempels von Orvieto betrachten, dann erkennen wir die Übereinstimmung mit den Angaben von Vitruv (Abb. 94 a). Vermutlich stammt dieser *Tempio augurale del Belvedere,* wie er genannt wird, aus dem 5. Jahrhundert v. Chr. Er hatte drei Cellen, in denen wahrscheinlich Kultfiguren von drei Gottheiten standen, bei denen wir aber nicht wissen, um wen es sich handelt.

Eine gute Vorstellung von einem solchen etruskischen Tempel gibt ein Modell, das sich im Museum des Instituts für Etruskologie und italische Altertumskunde der Universität Rom befindet (Abb. 95). Der Tempel steht auf einem Podium und hat einen Pronaos, eine Vorhalle, die ebensoviel Raum einnimmt wie die drei Cellen, in denen die Statuen der im Tempel zu verehrenden Gottheiten aufgestellt sind.

Der etruskische Tempel ist ein Richtungsbau insofern, als die ganze Anlage in Richtung auf die Cellen verläuft. Im weiträumigen Pronaos

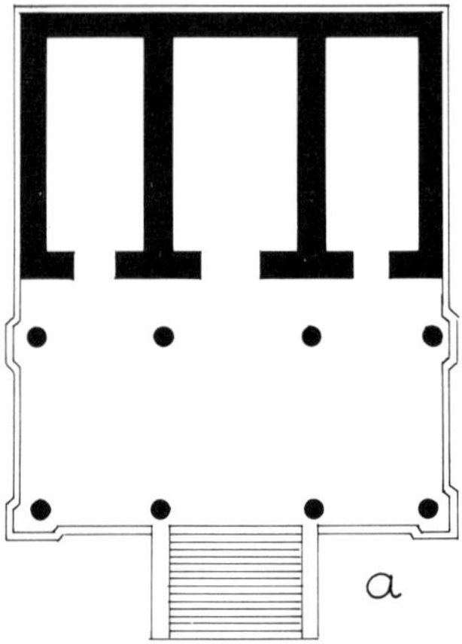

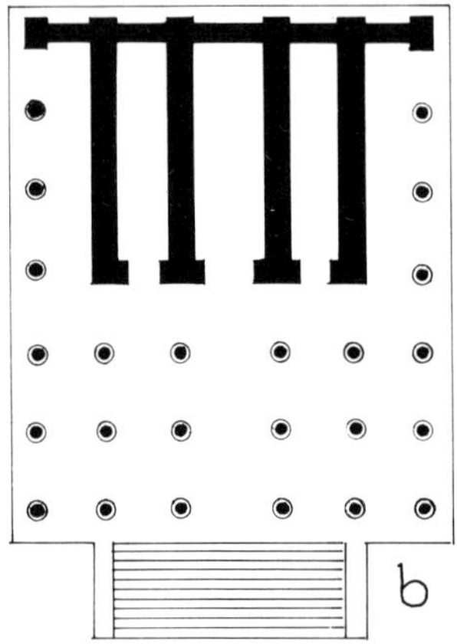

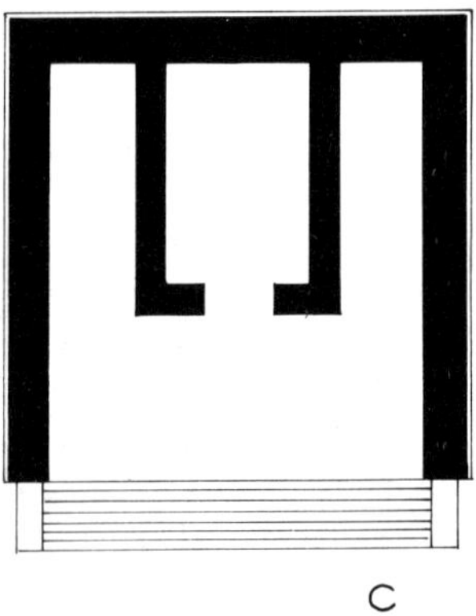

94 Grundrisse etruskischer Tempel:
a) dreizelliger Tempel (Orvieto, Belvedere)
b) dreizelliger Tempel (Rom, Kapitol)
c) Tempel mit einer Cella und 2 Flügeln (Veii, Portonaccio)
(Die Grundrisse sind nur in sich, aber nicht untereinander maßstabgerecht)

wirft das Licht malerische Schatten, die der Säulenhalle ihre tektonische Wirkung nehmen. Auch beim Außenbau ist alles auf malerische Auflockerung angelegt; denn nicht nur die Sima, die Traufleiste, trägt reiches Ornament, auch das gesamte Dach ist geschmückt mit einer großen Zahl von Figuren.

Im Prinzip diesem Tempeltyp zugehörig und doch abgewandelt ist der Iuppiter-Tempel auf dem Kapitol in Rom (Abb. 94 b und 96). Im

95 Idealkonstruktion eines dreizelligen etruskischen Tempels. Zeichnung eines Modells im Museum des Instituts für Etruskologie und italische Altertumskunde der Universität Rom

96 Tempel des Iuppiter auf dem Kapitol in Rom. 6. Jh. v. Chr. Rekonstruktion. Rom, Museo della Civiltà Romana

Pronaos befindet sich statt einer doppelten eine dreifache Säulenreihe. Die drei Cellen sind dichter aneinandergerückt, so daß an jeder Seite noch eine Reihe von Säulen Platz hat. Dadurch bekommt das Heiligtum eine gewisse Ähnlichkeit mit dem griechischen Peripteros, bei dem die Cella auf allen vier Seiten von Säulen umgeben ist.

Der Iuppiter-Tempel geht bis auf die letzte Epoche der Königszeit zurück, in der ja etruskische Könige Rom regierten. Der Überlieferung nach hat Tarquinius Priscus gelobt, ihn zu bauen, und Tarquinius Superbus hat ihn fertiggestellt. Eingeweiht haben soll ihn aber erst der Praetor maximus M. Horatius Pulvillus, und zwar im Jahre 509 v. Chr., also am Anfang der Republik.

In den drei Cellen des Tempels standen Kultbilder von Iuppiter, Iuno und Minerva. Sie wurden auf dem Kapitol verehrt, solange das heidnisch-antike Rom bestand. Der Tempel freilich wurde mehrfach um- und neugebaut. Vom ersten Bau gibt es nur noch Podiumsmauern aus schweren Quadern, die allen Nachfolgebauten als Substruktionen dienten. Als Schöpfer dieses ersten Tempels nennt die Tradition Meister aus dem etruskischen Veii, zu denen auch der berühmte Bildhauer Vulca gehört haben soll, dem die Ausschmückung zu danken sei.[35]

Nicht alle etruskischen Tempel haben drei Cellen. Es gibt noch einen anderen Typ, dem die Tempel entsprechen, deren Reste man in Marzabotto, Fiesole, Bolsena und Veio, bekannter unter dem lateinischen Namen Veii, gefunden hat. Bei diesem Typ hat das Heiligtum nur *eine* Cella und zwei Flügel.

Angesichts der bescheidenen Tempelreste im Bereich von Portonaccio in Veii glaubte man längere Zeit, es handle sich um einen dreizelligen Bau. Eingehende Untersuchungen haben aber ergeben, daß nur eine Cella mit zwei Flügeln bestand, in der vermutlich Menrva verehrt wurde, und zwar als Heilgottheit, der die römische Minerva Medica entsprach. Der erste Tempelbau entstand bereits im 6. Jahrhundert v. Chr. Interessanterweise hat man weder Reste noch Fundamentspuren von Säulen gefunden. Es fehlte also offensichtlich ein Säulenpronaos (Abb. 94c).

Im Umkreis des Tempels von Portonaccio fand man bei Grabungen – vor allem in den Jahren 1916 und 1944 – Terrakotta-Fragmente von Figuren, die man wieder zusammengesetzt hat. Dabei ergab sich, daß sie ihrem Stil nach um 500 v. Chr. entstanden sein müßten und daß sie auf dem Dachfirst des Tempels gestanden haben. Einen Tempel mit

97 Apollo von Veii. Firstfigur des Tempels von Portonaccio. Um 500 v. Chr. Rom, Villa Giulia

98 Kopf des Apollo von Veii (vgl. Abb. 97)

Firstfiguren zu schmücken, entsprach ganz den etruskischen Neigungen zum Dekorativen. Die Griechen, die ihre Tempel körperhaft, in sich geschlossen und formklar wollten, kannten solche Dachbekrönungen nicht.

Die beiden wichtigsten Firstfiguren sind Herakles und Apollo, von den Etruskern Hercle und Apulu genannt, weil sie zueinander in Beziehung gesetzt sind als Kämpfer um eine berühmte Hirschkuh. Während die Herakles-Figur nur sehr unvollkommen zusammengesetzt werden konnte, hat die Apollo-Statue ihre alte Gestalt weitgehend zurückgewonnen (Abb. 97).

Apollo, der wie alle Firstfiguren aus Veii in der Villa Giulia in Rom aufgestellt ist, bewegt sich auf seinen Gegner zu. Vielleicht hielt er einmal Pfeil und Bogen in den Händen. Gekleidet ist er nach Griechenart, aber sonst erinnert er wenig an einen Griechen, vor allem nicht an Apollon, an den Gott des Lichtes, des Maßes und der Ordnung. Er ähnelt mehr einem chthonischen, einem Naturgott. Muskulös sind seine Beine, ein kräftiger Körperbau zeichnet sich unter seinem leichten Gewand ab, die gedrehten Zöpfe liegen wie Taue auf den Schultern.

Das Gesicht dieser bemalten, spätarchaischen Tonfigur ist oval (Abb. 98). Die Nase verbreitert sich zur Stirn hin. Aus ihrer Wurzel wachsen fast architektonisch gerundete Brauenbögen, welche die mandelförmigen Augen überwölben. Durch die verkürzte Oberlippe bekommt die Mundpartie etwas Sprechendes. Der Blick scheint unergründlich. Das Gesicht wirkt so lebendig und ausdrucksvoll, wie man es bei Gesichtern der griechischen Kunst dieser Zeit vielleicht niemals findet.

1916 hat man bei den Grabungen einen Kopf gefunden, der zweifellos den Götterboten Hermes darstellt, den die Etrusker Turms nannten (Abb. 99). Hermes wirkt freundlicher als Apollo. Der Flügelhut mit den Stirnlöckchen unter der Krempe gibt dem Gesicht etwas Gefälliges. Die verkürzte Oberlippe und die länglich geschnittenen Augen, die dem Apollo-Gesicht nachgebildet zu sein scheinen, unterscheiden sich dennoch von diesem. Die Augen – mit dickeren Lidern und dadurch etwas tiefer liegenden Augäpfeln – blicken weniger unergründlich und eher pfiffig, während der Mund eine verbindlichere Sprache zu sprechen scheint.[36]

Es besteht nun die Frage, in welcher Weise die Figuren auf dem Dachfirst des Tempels angeordnet waren. Sicherlich standen sich in der

99 Hermes von Veii. Kopf einer Firstfigur des Tempels von Portonaccio. Um 500 v. Chr. Rom, Villa Giulia

Mitte Apollo und Herakles, der die umkämpfte Hirschkuh in seiner Gewalt hat, gegenüber. An der linken Seite mag Hermes gestanden haben. Wer aber stand an der rechten? Man hat bei den Grabungen eine weibliche Figur gefunden, die einen Knaben auf dem Arm hält. Man glaubt in ihr Leto mit ihrem kleinen Sohn Apollo zu sehen. Ob man diese aber den beiden Kämpfern zugeordnet hat, scheint fraglich. Ausgegraben wurden auch Fragmente einer Artemisfigur. Es ist wahrscheinlich, daß diese als vierte Figur auf dem Dachfirst des Tempels gestanden hat. Artemis ist nicht nur die Schwester Apollos, ihr war auch die Hirschkuh mit goldenem Geweih und ehernen Füßen, die man nach dem Fluß Kerynites ›die kerynitische‹ nennt, heilig. Wenn sie also der Szene, in der Apollo dem Herakles die Hirschkeule entreißen will, beiwohnt, so ergibt das einen Sinn. Darum zeigt unsere Rekonstruktion als vierte Figur Artemis (Abb. 100).

Beim Tempel von Portonaccio wurden auch Antefixe – Stirnziegel zur Verzierung des Dachrandes – gefunden. Eines von ihnen trägt das Gesicht der Gorgo, der Medusa, mit weitaufgerissenen Augen und herausgestreckter Zunge (Abb. 101). Um die Schlangenhaare dieses besonders fratzenhaften Kopfes ist noch ein Blattkranz gelegt, der die Maske ornamental einbindet. Dennoch soll sie den Tempel nicht nur schmücken, sondern auch Dämonen und Unheil von ihm abwehren, also apotropäisch wirken.

Andere Antefixe zeigen Köpfe von Gestalten aus dem Zug des Dionysos, den die Etrusker Fufluns nannten. In fast klassischer Schönheit ist eine Mänade dargestellt, die in die Zeit um 500 v. Chr. datiert wird,

100 Firstfiguren auf dem Tempel von Portonaccio in Veii. Rekonstruktion

101 Antefix mit Gorgohaupt vom Tempel von Portonaccio in Veii. Um 500 v. Chr. Rom, Villa Giulia

die aber ihrem Stil nach auch etwas jünger sein könnte (Farbabb. 19). Die Mänaden gehörten zum enthusiastischen Gefolge des Vegetationsgottes Dionysos, mit dem sie durch die Natur schwärmten. Nicht selten wurden sie von Silenen verfolgt, von wilden Naturwesen – halb Mensch, halb Pferd –, die ebenfalls zu Begleitern des Dionysos gehörten. Auch der Kopf eines Silens ziert als Antefix den Tempel von Portonaccio (Farbabb. 20).

Antefixe am Tempel der Mater Matuta im alten Satricum aus der 1. Hälfte des 5. Jahrhunderts v. Chr. zeigen, wie die Silene mit den Mänaden umgehen. Neunmal wird dieses Thema variiert. Eine beson-

102 Silen und Mänade. Antefix vom Tempel der Mater Matuta in Satricum. 1. Hälfte 5. Jh. v. Chr. Rom, Villa Giulia

ders typische Darstellung ist die, bei der ein mit Rebblättern bekränzter Silen eine Mänade mit einer Schlange bedroht, die er in der linken Hand hält, während seine Rechte nach ihrer Brust greift (Abb. 102). Animalische Wildheit und geduldige Abwehr sind hier trefflich kontrastiert.

103 Flügelroß. Eckakroter, vermutlich von einem Tempel in Cerveteri. Anfang 5. Jh. v. Chr. Vatikanische Museen

Es galt auch, die Giebel zu schmücken. Die Griechen taten es, indem sie ein Akroterion, einen Aufsatz, auf die Spitze und die beiden Ecken des Tempelgiebels setzten. Die Etrusker folgten diesem Beispiel; und unter den Stücken, die man von Tempeldekorationen in Museen aufbewahrt, befindet sich ein Eckakroter aus dem Anfang des 5. Jahrhunderts v. Chr., der vermutlich in Cerveteri gefunden wurde und in das Museo Gregoriano Etrusco der vatikanischen Sammlungen gelangte (Abb. 103).

Der Eckakroter besteht in dem Vorderteil eines Pferdes, bei dem vor allem Kopf und Bug in Erscheinung treten. Elegant geformt und

104 Flügelpferde aus dem Giebelfeld des Tempels von Tarquinia. 4.–3. Jh. v. Chr. Tarquinia, Museo Nazionale Tarquiniese

bemalt ist der schwungvolle Flügel. Der Kopf aber wirkt so vital, so lebendig, wie man es fast nur bei etruskischen Tierplastiken findet.

Meisterhaft in dieser Hinsicht sind auch zwei Flügelpferde, die im Giebelfeld des Tempels von Tarquinia standen und nun im Nationalmuseum der kleinen Stadt zu besichtigen sind (Abb. 104). Wie der Tempelneubau stammen auch sie aus dem 4. bis 3. Jahrhundert v. Chr., also aus der Zeit des beginnenden Hellenismus, in der die griechische Kunst und Kultur ihren Einfluß auf die gesamte alte Welt auszuüben begann. Die Pferde wirken schlank und elegant. Sie sind wohlgeformt und gut proportioniert. Die Gruppe ist geschickt komponiert. Das rechte

Pferd ist bereits um eine Kopflänge voraus, und das linke blickt ein wenig zur Seite. So verdeckt das eine nicht das andere. Griechischer Schönheitssinn des etruskischen Meisters ist hier unverkennbar. Die Spannung in den Körpern, die natürliche Lebendigkeit in den Köpfen und die Ausdruckskraft in den Gesichtern zeigen aber auch, daß die etruskischen Künstler ihre besondere Begabung für Tierplastiken nicht verloren haben.

Die Flügelpferde zogen vermutlich einen Götterwagen, der nicht erhalten ist. Es gibt aber noch Götterbilder aus etruskischen Tempelgiebeln, welche die Zeiten überdauert haben. Zu diesen gehört die Skulptur eines jugendlichen Gottes, die höchstwahrscheinlich Apollo darstellt und für den Tempel von Lo Scasato geschaffen wurde (Abb. 105).

Man sieht dem jungen Gott an, daß er aus der Tradition der griechischen Kunst hervorgegangen ist. Diese schuf im 5. Jahrhundert v. Chr. den Menschen mit einem vollendet schönen Körper von fester und klar erkennbarer Struktur. Im 4. Jahrhundert v. Chr. wurden die Formen gefälliger und die Modellierung weicher. Aus dem Menschen als Vorbild wurde der Mensch als Schaubild. Seit dem Hellenismus, der mit Alexander dem Großen begann und die ganze von ihm beherrschte Welt einschließlich der übrigen Mittelmeerländer beeinflußte, wurden die Formen üppiger, ja oft geradezu barock.

Im Banne der hellenistischen Kunst stand auch Etrurien. Mag der Apollo von Lo Scasato von einem griechischen oder einem einheimischen Künstler in der Zeit um 300 v. Chr. geschaffen sein, seine Form ist weitaus hellenistisch. Der Körper des jungen Gottes, von dem leider nur der obere Teil wiederherstellbar war, läßt die Struktur des Knochenbaus nur noch erahnen, da die Formen zu schwellen beginnen. Die Züge des von Locken gerahmten Gesichts sind sinnlicher und trotz aller Schönheit gröber geworden. Aus dem Blick spricht leuchtendes Pathos. Offensichtlich hat man das Bild dieses Gottes nach dem damals so beliebten Alexanderbild geschaffen.

Auch höchst lebendige Szenen waren an etruskischen Heiligtümern zu sehen. Vom Tempel von Sassi caduti in Civita Castellana wurde ein spätarchaischer Mittelakroter des Giebels mit einem Kämpferpaar gefunden, von dem der linke Kämpfer noch gut erhalten ist (Abb. 106).

Mit minuziöser Genauigkeit ist die Rüstung des Kämpfenden in Ton nachgebildet. Der Helm gibt nur wenig vom Gesicht frei, doch das reicht, um zu erkennen, daß der Dargestellte mit großen Augen und

105 Götterbild, wahrscheinlich Apollo, aus dem Tempel von Lo Scasato in Civita Castellana. Um 300 v. Chr. Rom, Villa Giulia

geöffnetem Mund zu seinem Gegner emporblickt, dem er unterlegen ist. Er ist auf das linke Knie gesunken und trotz seines Schwertes machtlos. Auch diese Darstellung zeigt, wie dramatisch etruskische Künstler Kampfszenen zu gestalten vermögen.

In der gleichen Zeit, in der der kämpfende Krieger für den Tempel von Sassi caduti geschaffen wurde, entstand der Terrakotta-Kopf eines

106 Kämpfender Krieger. Bruchstück eines Mittelakroters vom Tempel von Sassi caduti in Civita Castellana. Anfang 5. Jh. v. Chr. Rom, Villa Giulia

Gottes, der unter den Resten des Tempels der Mater Matuta in Satricum – einer zerstörten Stadt bei Casale di Conca in der Nähe von Anzio – gefunden wurde und der wahrscheinlich Teil eines Akroterions war (Abb. 107). Das von Stirnlocken und Bart gerahmte Gesicht, dessen spätarchaische Formen in klaren Flächen und eindeutigen Linien bestehen, hat lebendig blickende Augen und unter dem Schnurrbart einen ausdrucksvollen Mund. Es wirkt so bedeutungsvoll und majestätisch, daß man es wohl nicht zu Unrecht für das Antlitz Tinias hält, zumal man Teile eines Blitzzeichens mitgefunden hat.

Tinia, auch Tin genannt, galt als der oberste Gott der Etrusker, wenigstens seit der klassischen Zeit. Ursprünglich war er nur der oberste der Blitzgötter. Aber immer standen über ihm die *dii involuti,* die verhüllten Gottheiten, von denen man weder Zahl noch Namen kennt, die Schicksalsgottheiten, die Tinia auch beim Schleudern seiner schrecklichsten Blitze beraten.

Überraschenderweise nannte Varro, der große römische Gelehrte im 1. Jahrhundert v. Chr., Voltumna den *deus Etruriae princeps,* den bedeutendsten Gott Etruriens.[37] Voltumnas Verehrung gehörte zwar zu den Aufgaben der Oberhäupter der zwölf etruskischen Stadtstaaten, die alljährlich bei Volsinii zusammenkamen, ranghöher blieb aber Tinia.

Pallottino erklärt, wie Voltumna überhaupt eine so hohe Bedeutung bekommen konnte: »Typisch ist der Fall des *Veltha, Veltune* oder *Voltumna* (lateinisch *Vertumnus*), einer Gottheit von fremdartigem und widerspruchsvollem Charakter, die manchmal als scheußliches Ungeheuer, manchmal als Vegetationsgott von unbestimmtem Geschlecht, manchmal als große kriegerische Gottheit dargestellt wird. Hier läßt sich wirklich der Prozeß verfolgen, wie ein chthonischer, erdhafter Geist, der an einigen Orten Südetruriens verehrt wurde, in eine höhere Gottheit transformiert und sogar in den Nationalgott par excellence, in den *deus Etruriae princeps* umgebildet wurde.«[38]

Es wäre sehr reizvoll, wenn den kurzen Ausführungen über den obersten Gott Tinia und seinen Konkurrenten Voltumna eine Beschreibung der übrigen etruskischen Gottheiten und ihrer Aufgaben folgen könnte. Doch das würde den Rahmen dieses kleinen Buches sprengen. Einige Gottheiten wurden schon in anderem Zusammenhang erwähnt, viele müssen ungenannt bleiben. Abschließend soll aber wenigstens eine kleine Liste allgemein bekannter römischer und grie-

107 Götterkopf, vermutlich Tinia, vom Tempel der Mater Matuta in Satricum. Anfang 5. Jh. v. Chr. Rom, Villa Giulia

chischer Gottheiten und ihrer etruskischen Entsprechungen zusammengestellt werden: So entspricht Tinia dem Iuppiter und Zeus, Uni der Iuno und Hera, Menrva der Minerva und Athene, Apulu dem Apollo und Apollon, Artumes der Diana und Artemis, Turan der Venus und Aphrodite, Turms dem Mercurius und Hermes, Laran dem Mars und Ares, Sethlans dem Vulcanus und Hephaistos, Nethuns dem Neptun und Poseidon, Fufluns dem Bacchus und Dionysos, Hercle dem Hercules und Herakles und schließlich Culsans in gewisser Hinsicht dem römischen Ianus.

Leberschau und Blitzdeutung

Wenn wir das Wort *Tempel* hören, denken wir an das Haus einer Gottheit, ein Gebäude. Der Begriff *templum* ist aber viel weiter gefaßt. Er »betrifft den Himmel oder eine geheiligte Erdfläche, wie den Bezirk eines Heiligtums, einer Stadt, einer Akropolis usf.« Diese Definition gibt Pallottino[39], nach dessen Auffassung auch die Leber eines Tieres für die Etrusker ein *templum* war.

In der alten Welt galt die Leber – so wie bei uns das Herz – als Sitz des Lebens; und Babylonier, Chaldäer und Assyrer glaubten, man könne den Willen der Götter aus der Tierleber ersehen. Auch die Etrusker waren dieser Meinung. Sie haben eine eigene Lehre über die Eingeweideschau, die *haruspicina,* entwickelt, bei der es hauptsächlich um die Erforschung der Leber ging. Mitgeteilt sind diese Erkenntnisse in den Büchern der *Etrusca Disciplina* – wie sie die Römer nannten –, die aber nicht mehr erhalten sind. Dennoch kennen wir einen Teil ihres Inhalts durch römische Schriftsteller, die vieles den lateinischen Übersetzungen der heiligen etruskischen Bücher entnahmen.

Der Legende nach ist die Eingeweideschau durch Tages zu den Etruskern gekommen. Von ihm berichtet Cicero, der berühmte Redner und Schriftsteller des 1. Jahrhunderts v. Chr., in seinem Buch *De divinatione (Über die Weissagung):* »Ein gewisser Tages soll auf Tarquinischem Gebiet, als das Feld gepflügt wurde und eine Furche etwas tiefer gezogen war, plötzlich hervorgetreten sein und den Pflügenden angeredet haben. Dieser Tages aber, heißt es in den Büchern der Etrusker, soll in Knabengestalt erschienen sein, aber die Klugheit eines Greises besessen haben. Als bei seinem Anblick der Rinderhirt erstaunte und vor Verwunderung ein lautes Geschrei erhob, sei ein Auflauf entstanden und ganz Etrurien binnen kurzer Zeit an jenem Orte zusammengekommen; darauf habe jener mehreres vor vielen Zeugen gesprochen, die alle seine Worte aufgefaßt und niedergeschrieben hätten; seine ganze

108 Pava Tarchies lehrt die Leberschau. Bronzespiegel aus Tuscania. 3. Jh. v. Chr. Florenz, Museo Archeologico Nazionale. Nachzeichnung

Rede aber sei so gewesen, daß sie die ganze Wissenschaft der Opferschau umfaßt hätte; sie sei später durch neue Erfahrungen und deren Anwendung auf eben jene Grundsätze erweitert worden.«[40]

Wie Tages die Etrusker die Opferschau an der Leber gelehrt hat, zeigt ein Bronzespiegel aus dem 3. Jahrhundert v. Chr., den man in

Tuscania gefunden hat (Abb. 108). Ein Jüngling, der an seinem Apex, seinem Hut, als Haruspex, also als Zeichendeuter, zu erkennen ist, hat den linken Fuß auf einen Stein gestellt und hält in der einen Hand eine Leber, die er mit der anderen prüfend betastet. Der Beschriftung nach, die wir über seinem Kopf finden, heißt er Pava Tarchies. Er ist mit größter Wahrscheinlichkeit mit jenem Knaben identisch, der bei Cicero und anderen Schriftstellern Tages genannt wird. Der ältere Mann, der den Apex im Genick hängen hat und den Erklärungen des Jüngeren aufmerksam lauscht, ist als Avle Tarchunus bezeichnet, der als Gründer von Tarquinia galt. Noch drei weitere Personen schauen dem jungen Haruspex zu: eine Frau namens Ucernei, ein schöner nackter Jüngling, der als Rathlth bezeichnet ist, und Veltune, also Voltumna, der hier in seinem Aussehen Tinia ähnelt. Über der Szene sieht man das Viergespann der Thesan-Aurora aufsteigen, was – ebenso wie die aufgehende Sonne – darauf hinweist, daß die Leberschau am frühen Morgen stattfindet.

Unter den verschiedensten Gesichtspunkten wurde die Tierleber untersucht, um so den Willen der Götter zu erforschen und einen Blick in die Zukunft werfen zu können. Als wichtig galt es auch zu bedenken, daß die einzelnen Sektoren des in der Leber verkörperten Mikrokosmos ganz bestimmten Göttern und ihren Einflüssen zugeordnet sind. Die künftigen Haruspices mußten das lernen; und dazu gab es Lehrmodelle wie jenes, das unter dem Namen Bronzeleber von Piacenza bekannt ist (Abb. 109).

Es handelt sich bei diesem Modell aus dem 3. oder 2. Jahrhundert v. Chr. um die Nachbildung einer Schafsleber in stilisierter Form. Die obere Seite ist in 38 Felder aufgeteilt, von denen 16 den Rand und 22 das Innere ausmachen (Abb. 110). In jedem Feld steht der Name einer Gottheit; doch da manche Götter mehrere Felder beherrschen, beläuft sich ihre Gesamtzahl nur auf 21.

Die Haruspices erhielten eine gute Ausbildung in der *Etrusca Disciplina* und waren hochgeachtet. Wie sehr man ihren Rat schätzte, zeigt eine der sogenannten Boccanera-Platten aus Terrakotta, die zur Dekoration einer Grabkammer in Cerveteri dienten und schon in der 2. Hälfte des 6. Jahrhunderts v. Chr. entstanden sind (Abb. 111). Ein Aristokrat erscheint in Begleitung einer festlich bekränzten Frauengestalt und erbittet theologische Auskunft bei einem Haruspex, der im Etruskischen übrigens *netsvis* heißt. Dieser trägt eine Tunica mit

109 Bronzeleber. 3. oder 2. Jh. v. Chr. Piacenza, Museo Civio

110 Oberseite der Bronzeleber von Piacenza. Zeichnung nach Deecke und Pfiffig

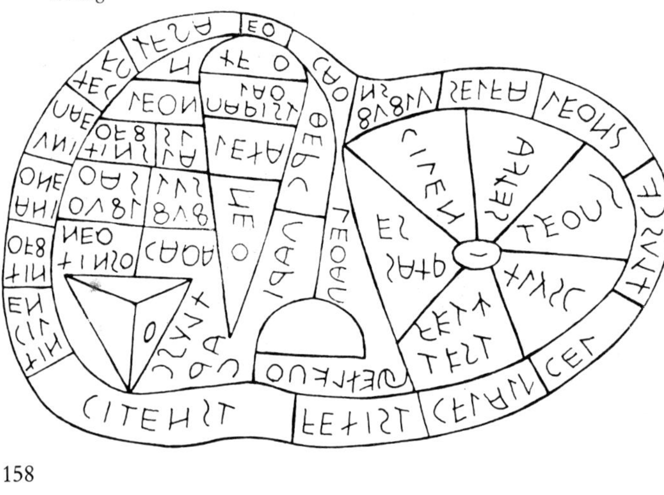

111 Befragung eines Haruspex. Sogenannte Boccanera-Platte aus einem Grab in Cerveteri. 2. Hälfte 6. Jh. v. Chr. London, British Museum

112 Zwei Haruspices. Bronzestatuetten. 4. oder 3. Jh. v. Chr. Rom, Villa Giulia

kurzen Ärmeln und eine Tebenna, ein Obergewand, das aus Argos und Arkadien kam und aus dem sich die Toga entwickelte. Auf dem Kopf hat er den Apex, den Haruspex-Hut, der nach oben spitz zuläuft. Er tritt würdig und selbstbewußt auf.

Von den Haruspices erwartete man theologische Belehrung. Selbst die Römer waren daran interessiert, die etruskische Zeichendeutung zu erlernen, so daß Cicero schreiben konnte: »Etrurien aber beobachtet das vom Blitz Getroffene mit großem Geschick und deutet ebenfalls alles, was durch irgendwelche wunderbare Erscheinungen und Anzeichen angekündigt wird. Daher hat auch bei unseren Vorfahren der Senat beschlossen, daß sechs Söhne von Vornehmen (nach Valerius Maximus waren es zehn) den einzelnen Völkerschaften Etruriens zum Unterricht übergeben werden sollten, damit nicht eine bedeutende Kunst durch die Niedrigkeit der Menschen vom Ansehen in der Religion zum Lohndienst und zum Erwerb herabgewürdigt würde.«[41]

Diese Sätze weisen darauf hin, daß die Römer eine große Hochachtung vor den etruskischen Haruspices hatten, während sie ihren eigenen mit Skepsis gegenüberstanden. Die Skepsis ging nach Cicero bei dem freisinnigen Cato so weit, daß er erklärte, er sei verwundert, daß ein Haruspex nicht lacht, wenn er einen anderen Haruspex sieht[42].

Unter den verschiedenen Darstellungen von Haruspices gibt es zwei besonders interessante Bronzestatuetten (Abb. 112). Die beiden Männer tragen zum Zeichen ihres Amtes den Apex, in der Rechten halten sie ein Räuchergefäß, während die Linke zum Gebet geöffnet ist. Die Figuren sind gelängt und völlig entkörperlicht. Für welchen Zweck sie auch geschaffen wurden, sie machen eher den Eindruck von abstrakten Zeichen als von Skulpturen.

Zur *Etrusca Disciplina* gehörten außer den *libri haruspicini,* die sich mit der Leberschau beschäftigten, die *libri fulgurales,* in denen es um die Blitzdeutung ging, und die *libri rituales,* die ein sehr weites Gebiet umfaßten, von dem noch die Rede sein wird.

Die etruskischen Fulguratoren, die Blitzdeuter, waren ebenfalls Haruspices. Ihnen oblag es, die Blitze zu erforschen und zu deuten, sie abzuwenden und herabzuziehen.

Zur Erforschung und Deutung der Blitze muß man das *templum* des Himmels genau kennen. Nach Cicero und Plinius[43] haben es die Etrusker in 16 Regionen eingeteilt, in denen die Götter wohnen, von denen wir heute aber nicht mehr genau sagen können, welche Region welchem Gott zugehörte. Will nun der Blitzschauer seiner Aufgabe gerecht werden, so muß er auf der Erde den Standort richtig wählen und das *templum* unten dem *templum* oben anpassen (Abb. 113).

Zunächst bezieht der Beobachter Stellung im Schnittpunkt des von Norden nach Süden verlaufenden Cardo mit dem von Westen nach Osten verlaufenden Decumanus, und zwar so, daß er nach Süden blickt, damit die *pars postica*, der hintere Teil, hinter ihm und die *pars antica*, der vordere Teil, vor ihm liegen. Dadurch hat er zu seiner rechten Seite die *pars hostilis*, den feindlichen Teil des Himmels, und zu seiner linken die *pars familiaris*, den freundlichen Teil.

Leuchtet nun am Himmel ein Blitz auf, dann ist es wichtig, zu sehen, in welcher Region dies geschieht. Bedeutsamer als die Frage, woher ein Blitz kommt, ist die, wohin er zurückgeht. Schlägt ein Blitz auf der

113 Der Himmel als *templum* mit seinen 16 Regionen. Schematische Darstellung

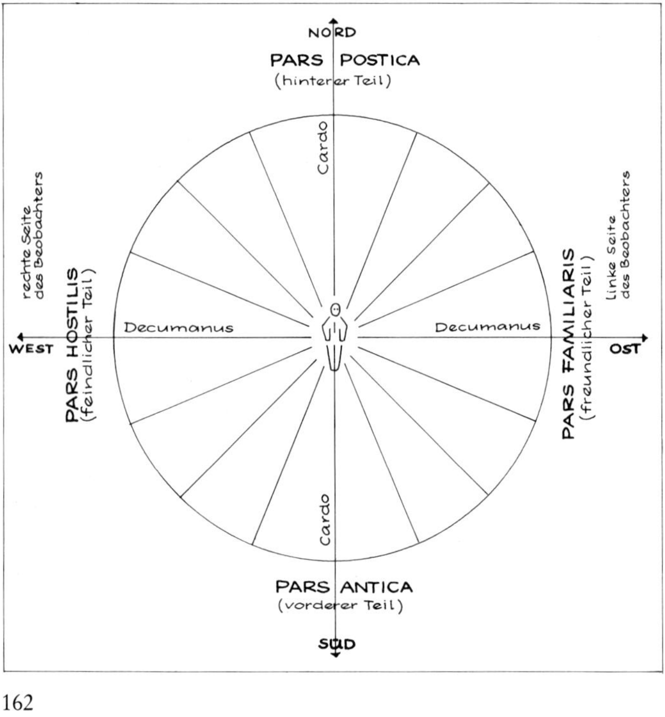

114 Bronzegruppe eines pflügenden Bauern aus Arezzo. Um 400 v. Chr. Rom, Villa Giulia

Erde ein, dann ist der Ort des Einschlags wesentlich mitentscheidend für die Deutung. Die Kenntnis über Blitzgötter, Blitzerscheinung, Blitzdeutung, Blitzsühnung und Blitzbeschwörung verlangte vom Fulgurator ein umfangreiches Studium. Die Blitzlehre war der Überlieferung nach nicht durch Tages zu den Etruskern gekommen, sondern durch die Lasa *Vecui,* die von den Römern *Vegoia* genannt wurde.

Das *auspicium,* die Vogelschau, spielte für die Etrusker bei der Erforschung des göttlichen Willens und der Weissagung eine geringere Rolle als für die Römer. Doch geht auch sie vermutlich auf die Etrusker zurück. Es versteht sich, daß für die Beobachtung des Vogelfluges die Einteilung des Himmels in Regionen ebenfalls wichtig war.

In den *libri rituales,* dem dritten und letzten Teil der *Etrusca Disciplina,* wurde ein sehr ausgedehnter Themenbereich behandelt, so die Gründung einer Stadt und die Organisation des Staates sowie die Deutung, Sühnung und Beschwörung der *ostenta,* der wunderbaren Zeichen. Schließlich gehörten zu den *libri rituales* auch die *libri fatales,* die Schicksalsbücher, und die *libri Acheruntici,* die sich mit dem Jenseits befaßten.

Es ist nicht uninteressant zu erfahren, wie nach etruskischem Ritus eine Stadtgründung vonstatten gehen sollte. Es war die Aufgabe des Gründers, einen Stier und eine weiße Kuh vor einen Pflug aus Erz zu spannen und das begrenzende Viereck der zu gründenden Stadt durch die Furche zu markieren. In deren Verlauf hatte die Anlage des Grabens zu erfolgen, während die nach innen aufgeworfenen Schollen anzeigten, wo die Mauer zu errichten sei. Wo man ein Tor wollte, mußte man den Pflug tragen. In der Mitte der Stadt – also dort, wo sich Cardo und Decumanus kreuzen – war der *mundus* anzulegen, eine Grube, in die man die Erstlinge von allen Dingen als Gründungsopfer versenkte.

Diese Schilderung mag Anlaß sein, einen etruskischen Pflug mit einem Gespann zu zeigen, hinter dem ein Bauer geht. Es handelt sich um ein interessantes Werk etruskischer Kleinkunst mit volkstümlicher Note, das um 400 v. Chr. in Arezzo oder in seiner Umgebung gearbeitet wurde (Abb. 114).

115 Aufbahrung eines Toten. Tomba del Morto. Um 510 v. Chr. Tarquinia. Pause von Carlo Ruspi. Rom, Archiv des Deutschen Archäologischen Instituts

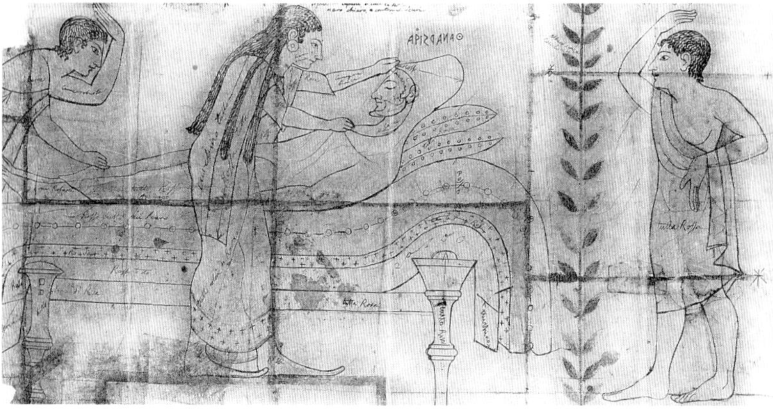

Tod und Jenseits

In den Tomben des 6. und 5. Jahrhunderts findet man die alltägliche Welt der Etrusker: Jagd, Fischfang, Gastmähler, Musik, Tanz, Spiele und Erotik. Darum überrascht es, wenn man in einer kleinen Tomba in Tarquinia, die um 510 v. Chr. angelegt wurde und die man Tomba del Morto genannt hat, einen aufgebahrten Toten findet (Abb. 115). Da die Malerei in der Tomba stark beschädigt ist, müssen wir uns wieder an eine Pause von Carlo Ruspi halten. Auf ihr sieht man, wie der tote auf einer Kline liegt. Über seinem Kopf steht sein Name. Er heißt Thanarsna. Eine Frau ist auf eine Bank gestiegen, um über das Gesicht des Toten seinen Mantel zu ziehen. Am Fuß- und Kopfende der Kline stehen zwei junge Männer, welche die Hände zum Klage- und Trauergestus erhoben haben.

Es ergibt sich die Frage, wie sich die Etrusker das Leben nach dem Tod vorgestellt haben. Offensichtlich waren sie im 6. und 5. Jahrhundert davon überzeugt, daß der Mensch mit einem Teil seiner Individualität im Grab weiterlebte. Darum gaben sie dem Toten das, was er im Leben geschätzt hatte, real oder im Bild in seine Tomba mit. Auch bei der Verbrennung waren sie bemüht, dem Toten ein gewisses Fortleben zu verschaffen, indem sie – wie wir gesehen haben – die Urnen zu einer menschlichen Gestalt umwandelten. Auch der in einer Urne Beigesetzte bekam seine Grabbeigaben. Das beweist vor allem ein Ziro-Urnengrab[44] in der Gegend von Chiusi aus dem 7. Jahrhundert v. Chr., in dem man Speisereste, Nüsse, einen Tisch, einen Sessel, ein Beil, einen Dreifußkessel und ein Räuchergefäß fand (Abb. 116).

In der Zeit zwischen der 2. Hälfte des 5. Jahrhunderts und der 1. Hälfte des 4. Jahrhunderts v. Chr. wurden in Felsina, dem heutigen Bologna, Grabstelen geschaffen, die man Felsiner Stelen nennt. Auf ihnen ist jeweils der Tote dargestellt, und zwar so wie er sich im Wagen, zu Fuß oder zu Pferd auf dem Weg ins Totenreich befindet.

116 Ziro-Urnengrab in der Nähe von Chiusi. 7. Jh. v. Chr. Zeichnung nach der Rekonstruktion von E. Hall Dohan

117 Grabstele aus Felsina. Ende 5. Jh. v. Chr. Bologna, Museo Civico Archeologico

Als Beispiel mag eine Grabstele dienen, in deren Mittelfeld eine Frau dargestellt ist, die auf einem Wagen ins Totenreich fährt (Abb. 117). In der linken Hand hält sie eine Spindel, in der rechten einen Sonnenschirm. Der Wagenlenker ist ein Knabe, und voraus eilt ein nackter junger Mann, der mit umgewandtem Kopf seinen Blick auf die Frau richtet. Im oberen Feld beißt eine Schlange ein Seepferd, was als Todessymbol gedeutet wird; im unteren sind eine Frau und ein geflügelter Dämon im Gespräch.

In den Felsiner Stelen kündigt sich eine Änderung der Denkart an. Der Tote lebt nicht mehr oder nicht nur mit einem Teil seiner Individualität am Ort des Grabes weiter. Er fährt, läuft oder reitet im Totenreich. Aber wie sieht dieses Totenreich aus? Eine gewisse Antwort gibt

die Tomba dei Demoni Azzurri in Tarquinia, die man 1985 entdeckt hat. Leider sind die Wandmalereien so stark beschädigt, daß wir weitaus auf Rekonstruktionen angewiesen sind. Auf den Bildern ist großenteils das Herkömmliche dargestellt. Man sieht Gastmähler, Musikanten und Spiele. Es wird aber auch eine Person gezeigt, die auf einem Wagen ins Totenreich fährt. Von völlig neuer Art jedoch ist eine Szene, die uns dieses Totenreich vor Augen führt (Abb. 118 und Farbabb. 21). Links im Bild sitzt Charon, der griechische Totenfährmann, in seinem Boot. Er hält ein Ruder in seiner Hand und hat offensichtlich eine Frau und einen Jüngling über den Unterweltsfluß Acheron gebracht. Sie sind bereits ausgestiegen und gehen auf eine ihnen entgegenkommende Gruppe zu. Diese besteht aus einem Dämon von blauer Hautfarbe, der sich einer Frau zuwendet, der wiederum eine geflügelte männliche Gestalt folgt, die sie in der Taille erfaßt, um sie festzuhalten. Hinter der Gruppe sitzt ein blauer Dämon auf einem Felsen und hält in seinen erhobenen Händen eine Schlange, während ein schwarzer geflügelter Dämon zu ihm auf den Felsen steigt.

Diese Unterwelt entspricht dem Hades der Griechen, die offensichtlich seit dem Ende des 5. Jahrhunderts v. Chr. die Etrusker in ihren Jenseitsvorstellungen beeinflußt haben. Ganz deutlich zeigt sich das in

118 Unterwelt mit Charon und Dämonen. Tomba dei Demoni Azzurri. Ende 5. Jh. v. Chr. Tarquinia. Ergänzte Nachzeichnung (vgl. Farbabb. 21)

119 Cerun (Geryoneus), Phersipnei (Persephone) und Aita (Hades). Tomba dell'Orco II. Um 330 v. Chr. Tarquinia

der Tomba dell'Orco II in Tarquinia, die um 330 v. Chr. entstanden ist. Hier ist wirklich der griechische Hades dargestellt und in ihm der Gott, von dem die Unterwelt ihren Namen bekommen hat (Abb. 119). Hades sitzt neben seiner Gattin Persephone, aus deren Haar Schlangen emporzüngeln, und um das Götterpaar herum sind die bereits toten Heroen der Vorzeit versammelt, nämlich der dreiköpfige Geryoneus, Agamemnon, Teiresias, Theseus, Peirithoos und andere. Freilich sind die Beschriftungen etruskisch. Persephone heißt Phersipnei und Hades Aita. Auch trägt Hades eine Wolfskappe, was nicht griechischer Tradition entspricht, aber dennoch beweist die Tomba dell'Orco II, daß die Vorstellung der Griechen, nach der die Toten in der Unterwelt des Hades ein Schattendasein führen, auch von den Etruskern übernommen worden ist.

Wie sich alte und neue Jenseitsvorstellungen verbinden, zeigen die Wandmalereien der Tomba Golini I in Orvieto. Da auch sie stark zerstört sind, hat man sie, um das Erhaltene zu retten, abgenommen und zuerst in das Archäologische Museum in Florenz und später in den Palazzo Papale in Orvieto gebracht (Abb. 120).

Gleich neben der Tür sehen wir, wie der noch jugendliche Verstorbene ins Totenreich einfährt (Abb. 120b). Er steht, festlich gekleidet, auf einer eleganten Biga, einem Zweigespann, und wird von einem geflügelten weiblichen Wesen geleitet, das eine Rolle mit dem Todesbefehl in der rechten Hand hält. Hinter ihm steht ein Tubabläser.

Der Tote wird offensichtlich beim Bankett erwartet. An der Rückwand der Tomba sieht man zwei Personen, die beim Mahl auf einer Kline liegen, die eine mit einer Trinkschale, die andere mit einem Teller (Abb. 120a). Neben ihnen stehen zwei Musikanten mit Aulos und Kithara. Unter dem Tisch, der vor die Kline gestellt ist, sieht man ein Podest mit einem eigenartigen Tier, das ein übergroßes Geweih trägt, und mit einem Knaben. Vermutlich handelt es sich bei den Tafelnden um verstorbene Mitglieder der einflußreichen Familie Leinie, der das Totenhaus gehörte.

Im Bild anwesend in dieser Tomba sind auch Hades und Persephone (Abb. 120c und 121). Sie liegen nicht auf einer Kline, sondern sie sitzen. Der Herr der Unterwelt trägt eine Wolfskappe und hält in der Hand eine schlangenumwundene Lanze, während seine reichgeschmückte Gattin einen zepterähnlichen Stab, der mit einem Vogel gekrönt ist, umfaßt. Neben den Unterweltgöttern steht zwischen festlichen Leuch-

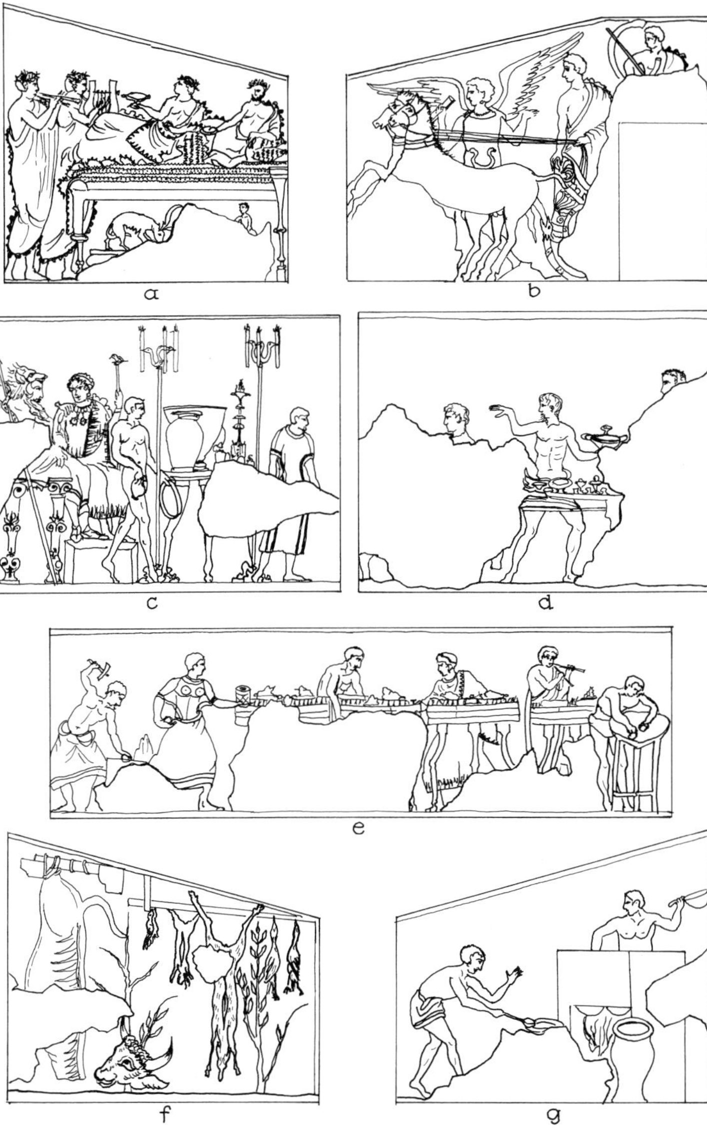

120 Wandmalereien aus der Tomba Golini I. Um 330 v. Chr. Orvieto, Museo Archeologico Nazionale. Nachzeichnungen

121 Aita und Phersipnei. Detail aus Abb. 120c. Nachzeichnung

tern ein Tisch mit einer Räucherschale, auf dem vielerlei Gefäße aufgereiht sind. Ein nackter Diener hält ein Tablett und ein Gefäß zum Einschenken in Händen. Er ist an den Gottheiten vorübergegangen. Vor ihnen sind keine Trinkgefäße aufgestellt. Sie nehmen zwar am Bankett teil, aber sie genießen anscheinend nichts. Hades hat seine Linke auf die Schulter Persephones gelegt. Das Paar schaut sich an und ist sich selbst genug.

In der Tomba Golini I findet man das, was man in den Tomben des 6. und 5. Jahrhunderts auch findet, nämlich Tafelnde beim Mahl und Musikanten. Aber man glaubt anscheinend nicht mehr, daß der Tote mit einem Teil seiner Individualität am Ort des Grabes weiterlebt. Er lebt im Reich des Hades und der Persephone, und dorthin ist er in seinem Wagen gefahren, wie es ein Bild der Tomba Golini I zeigt (Abb. 120b). Gastmähler mit Musik sind jetzt gleichsam in den Hades transzendiert. Hier finden sie in der Vorstellung der etruskischen Familie Leinie nun statt, und sie sind weltlicher und üppiger, als sie es je waren. Niemals bisher wurde all das, was zum Bankett und seiner Vorbereitung gehört, so ausführlich dargestellt. Es beginnt mit einem Blick in den Vorratsraum für Fleisch, der im Freien zwischen Bäumen angelegt ist (Abb. 120f). Aufgehängt sind ein geschlachteter Ochse, neben dem sein Kopf mit weitgeöffneten Augen liegt, sowie ein Hase, ein Reh und vier Vögel.

Auf einem anderen Bild ist dargestellt, wie ein Metzger das Fleisch mit einem Beil in Stücke teilt (Abb. 120e). Nach rechts hin folgt eine Dienerin, die zwei Gefäße bringt. An Küchentischen arbeiten ein Mann und eine gut gekleidete Frau, und schließlich beugt sich ein Diener über eine große Schüssel, in welcher er etwas mit zwei Stößeln knetet. Neben ihm bläst ein Musiker die Doppelflöte, womit sich die Richtigkeit der Mitteilung antiker Schrifststeller bestätigt, daß die Bäcker und Köche ihre Arbeit gern bei Flötenspiel verrichteten (vgl. Abb. 40).

In der Küche befindet sich ein großer Ofen, hinter dem ein Koch steht, der mit der Linken einen Schmortopf an seinem Stiel hochhält, während ein anderer dabei ist, eine Pfanne über das Feuer zu schieben (Abb. 120g). Schließlich kann man den Blick noch auf einen Tisch werfen, auf dem die Speisen appetitlich angerichtet sind und von dem aus sie serviert werden (Abb. 120d).

Einigen wenigen Menschen sollte nach etruskischer Auffassung auch eine Vergöttlichung zuteil werden. Voraussetzung dafür war, daß man das Blut bestimmter Tiere bestimmten Gottheiten opferte. Dadurch wurden die Seelen, für die man das Opfer dargebracht hatte, unsterblich, ja sie wurden zu *Dii animales,* zu Seelengöttern. Wir wissen das aus den *libri Acheruntici,* die zu den *libri rituales* der *Etrusca Disciplina* gehören und von denen der Rhetor Arnobius (um 300 n.Chr.) und der Grammatiker Servius (um 400 n.Chr.) berichten[45]. Es ist durchaus möglich, daß die Glaubenswelt der dionysischen Mysterienkulte des griechischen Unteritalien zu diesen Vorstellungen beigetragen hat. Sie werden einem kleinen, auserwählten Kreis vorbehalten gewesen sein. Die Mehrzahl der Sterblichen erwartete, wie wir gesehen haben, das Fortleben nach dem Tod in anderer Weise.

Zu den etruskischen Todesvorstellungen gehören ganz wesentlich Dämonen. Schon im 6. und 5. Jahrhundert v. Chr. hatten Dämonen ihren Platz in der etruskischen Mythologie, aber in den nachfolgenden Jahrhunderten wuchs ihre Bedeutung. Seit dem 4. Jahrhundert v. Chr.

122 Achilleus tötet einen Trojaner in Anwesenheit von Vanth und Charun. Wandmalerei aus der Tomba François in Vulci. 2. Hälfte 4. Jh. v. Chr. Rom, Villa Albani

steht unter den Todesdämonen Charun an erster Stelle. Ihm wird nicht selten Vanth gegenübergestellt. Charon ist der griechische Fährmann in die Unterwelt. Der etruskische Charun ist ihm namensverwandt, aber dennoch von ganz anderer Art. Zu ihm gehört nicht das Ruder, sondern der Hammer. Ganz gelegentlich trägt er einen Hut, der an die Kopfbedeckung des griechischen Charon erinnert. So sah man ihn in der Tomba François in Vulci, deren Wandmalereien in der 2. Hälfte des 4. Jahrhunderts v. Chr. entstanden sind und die sich heute in der Villa Albani in Rom befinden (Abb. 122). Dargestellt ist eine Szene aus dem trojanischen Krieg. Achilleus tötet einen gefangenen Trojaner, und zwar in Anwesenheit von Vanth und Charun. Letzterer trägt einen Hammer. Er schlägt mit ihm nicht zu, aber der Hammer ist doch Zeichen für das unabwendbare Schicksal eines zum Tode bestimmten Menschen. Er entspricht der Sense, die das Mittelalter dem Schnitter Tod in die Hand gab. Charun ist Todesbote und Totengeleiter. In der Tomba François wirkt er – bis auf die Ohren und die bläuliche Hautfarbe – verhältnismäßig menschlich. Er ist ein bärtiger, älterer Mann, der nicht unbedingt böse ausschaut. Unheimlicher und tierähnlicher zeigt sich Charun in der Tomba dell'Orco I in Tarquinia, deren Bilder teils ganz zerstört teils schwer beschädigt sind. Eine Zeichnung mag darum das Dämonenbild etwas verdeutlichen (Abb. 123 und 124).

Dieser schlangenhaarige Charun hat Tierohren und eine Nase, die einem Vogelschnabel gleicht. Er trägt Flügel und hat in den Händen einen Hammer, der Todessymbol ist wie die Schlangen, die an seinem linken Bein und über seiner rechten Schulter sichtbar sind.

Wie furchtbar der Anblick dieses Dämons ist, zeigt der Gesichtsausdruck einer Dame namens Velia, die mit ihrem Gatten Arnth Velcha an einem Bankett teilnimmt, aber ihre Augen auf Charun gerichtet hat (Farbabb. 16). Velia ist gepflegt und schön, sie trägt kostbaren Schmuck, aber ihr Gesicht ist freudlos und ihr Blick erstarrt. Abscheu vor dem Dämon verrät vor allem ihr Mund.

Äußerlich von ähnlicher Art wie der Charun in der Tomba dell'Orco I ist der in der Tomba degli Anina, dessen Bild am Ende des 3. oder am Anfang des 2. Jahrhunderts v. Chr. entstanden ist (Abb. 125 und Farbabb. 17). Auch hier erscheint der Todesdämon mit Flügeln und mit einem Hammer. Unter seinem scharf blickenden Auge erkennt man trotz leichter Zerstörung seine Schnabelnase. Rot sind sein Haar und sein Bart, doch auch sein gegürtetes Hemd ist von roter Farbe. Es handelt sich um eine sehr lebendige Darstellung. Der Maler versteht sich auf eine sichere Linienführung in der Zeichnung und eine effektvolle Farbgebung.

Charun erscheint in der Tomba degli Anina als Wächter an der Tür zur Totenkammer. Ihm gegenüber steht Vanth (Abb. 125 und Farbabb. 18). Sie trägt einen kurzen, weiten Rock, der von Kreuzbändern

123 Charun. Tomba dell'Orco I. Um 350 v. Chr. Tarquinia

gehalten wird, die zwischen nackten Brüsten zu den Schultern verlaufen. In der Hand hält Vanth eine Fackel. So wie Charun trägt sie Flügel, und so wie er wacht sie an der Tür zur Totenkammer.

Auch Vanth ist ein Todesdämon, aber sie wirkt nicht erschreckend wie Charun. Sie hat keine Tierohren und keine Schnabelnase. Sie ist meist als schöne junge Frau dargestellt. Als solche geleitet sie das Gespann in der Tomba Golini I in den Hades (Abb. 120 b), und schön

124 Charun. Nachzeichnung von Abb. 123

erscheint sie auch bei der Tötung des Trojaners durch Achilleus in der Tomba François (Abb. 122).

Ein Aschenbehälter aus Chianciano aus der Zeit um 400 v. Chr. zeigt eine klassisch schöne Vanth, die auf einer Kline zu Füßen eines jungen Mannes sitzt (Abb. 126). Beide tragen ein Diadem auf einer gepflegten Frisur. Die geflügelte Vanth hält in der Linken eine Schriftrolle, auf der wohl der Todesbefehl verzeichnet ist, während die Rechte mit dem

125 Charun und Vanth. Tomba degli Anina. 3.–2. Jh. v. Chr. Tarquinia

126 Vanth verkündet einem jungen Mann seinen Tod. Aschenbehälter aus ▷ Chianciano. Um 400 v. Chr. Florenz, Museo Archeologico Nazionale

127 Tuchulcha mit Peirithoos und Theseus. Tomba dell'Orco II. ▷ Um 330 v. Chr. Tarquinia. Ergänzte Nachzeichnung

Daumen nach unten weist, um das Endgültige des Befehls auszudrücken. Der Tod zeigt sich hier ernst und schwer, aber humaner als angesichts des furchterregenden Charun.

Unter den etruskischen Dämonen nimmt auch Tuchulcha einen besonderen Rang ein. Die bekannteste Darstellung mit ihm befindet sich in der Tomba dell'Orco II in Tarquinia, in der die Wände mit Hades und Persephone sowie mit griechischen Heroen geschmückt sind (Abb. 127). Leider ist auch dieses Wandgemälde stark beschädigt, aber man erkennt noch, daß Tuchulcha mit zwei berühmten griechischen Gestalten dargestellt ist: mit Peirithoos und Theseus, die hier vielleicht beim Brettspiel einander gegenübersitzen. Der Sage nach ließ Hades die beiden Helden an einem Felsen festwachsen, weil sie in die Unterwelt eingedrungen waren, um Persephone zu entführen.

Hinter Peirithoos und Theseus steht der Dämon Tuchulcha, der in gewisser Hinsicht Charun ähnelt. Er hat eine große Schnabelnase und einen Kopf, aus dem Schlangen emporzüngeln und Tierohren hervorstehen. Er ist geflügelt und hält eine Schlange über die Häupter der Helden.

So ist der Tod in der Vorstellung der Etrusker spätestens seit dem 4. Jahrhundert v. Chr. mit dem Hades und mit Dämonen verbunden, was sich auch auf das Bild des Menschen in dieser Zeit ausgewirkt hat.

Etruskische Spätzeit

An den Wandmalereien der etruskischen Tomben können wir erkennen, wie sich das Bild des Menschen im Lauf der Jahrhunderte geändert hat. Wie zufrieden wirken doch die beim Mahl liegenden Paare in den Grabkammern des 6. und 5. Jahrhunderts v. Chr., zum Beispiel in der Tomba dei Leopardi (Abb. 35, 36 und 58). In der Zeit kurz vor 300 v. Chr. sah es anders aus. Typisch dafür ist ein Paar in der Tomba degli Scudi in Tarquinia (Farbabb. 4). Es fehlt nicht an Reichtum und Wohlstand. Eine kostbare Decke und prächtige Kissen liegen auf der Kline, der Tisch ist üppig zugedeckt. Es fehlt aber jegliche Freude am gemeinsamen Mahl. Der Mann hat seine Rechte auf die Schulter der Frau gelegt und sieht sie sorgenvoll an. Diese blickt aus umdunkelten, weit geöffneten Augen, aus denen Hoffnungslosigkeit und Angst sprechen, vor sich hin (Abb. 128). Selbst die Musikanten haben nichts mehr von der Daseinsfreude und Lebendigkeit, wie wir sie bei den Musikern der Tomba del Triclinio (Abb. 38 und 39) und der Tomba dei Leopardi (Farbabb. 6 und 7) erlebt haben. Von diesen hier zupft der eine seine Kithara, und der andere bläst seine Flöte, aber beide stehen unbewegt da und können den Blick nicht abwenden von dem traurigen Paar.

Was nun ängstigt die Menschen so? Wenn man noch einmal an den starren Blick und den verzerrten Mund der schönen Frau aus dem Hause Velcha denkt, dann weiß man, daß es der Anblick des Totendämons Charun ist, der sie so erschreckt (Farbabb. 16). Es scheint so, daß man glücklicher war, als man noch an ein Fortleben mit einem Teil seiner Individualität am Ort des Grabes glaubte. Jetzt, da man – begleitet von einem Dämon – den Weg in die Unterwelt des Hades erwartete, war man geängstigter.

Auch die Gestalten, die man vom Ende des 4. bis zum 2. Jahrhundert – vor allem in Tarquinia – auf den Sarkophagdeckeln findet,

128 Detail aus dem Bild: Paar beim Gastmahl mit Musikanten (vgl. Farbabb. 4)

wirken sehr ernst. So hat auch der Aristokrat aus dem Hause Partunus in Tarquinia das sorgenvolle Haupt in die schwere linke Hand gestützt. Er sinnt nach, richtet den Blick in die Ferne und scheint nicht sehr hoffnungsvoll zu sein (Abb. 129).

Die Etrusker glaubten zu wissen, wann ihre Geschichte zu Ende ging. Sie entnahmen es aus der Lehre von den Saecula, die in den *libri rituales* der *Etrusca Disciplina* aufgezeichnet ist. Für uns dauert ein Saeculum ein Jahrhundert, für die Etrusker war es »die längste Spanne menschlichen Lebens zwischen Geburt und Tod«[46]. Wann ein Saeculum zu Ende ging, zeigten die Götter den Menschen durch besondere Zeichen an. Es gab Saecula von 100 Jahren, aber auch solche, die 123 oder 119 Jahre dauerten. Da die Etrusker ihre Geschichte auf zehn Saecula bemaßen und sie vom 10. Jahrhundert an datierten, konnten sie ihr Ende ungefähr errechnen.

Damit stimmten auch die geschichtlichen Ereignisse überein. Seit der Zerstörung von Veii durch die Römer im Jahre 396 v. Chr. verfiel die etruskische Macht zusehends. Im 3. Jahrhundert mußten sich die bedeutenden Städte Tarquinia und Caere unterwerfen, und vom 2. Jahrhundert an hatten etruskische Politiker bestenfalls noch regionale Bedeutung. Als die politische Macht Etruriens schon gebrochen war, gab es noch eine etruskische Kultur. Gewiß, auch diese überdauerte – wenn man vom Wirken etruskischer Haruspices noch in der Kaiserzeit absieht – das erste vorchristliche Jahrhundert nicht. Sie starb aber nicht, sie wurde nur anonym, weil sie in der Kultur des Römischen Weltreichs aufging.

129 Aristokrat aus dem Hause Partunus. Detail eines Sarkophagdeckels. Ende 4.–2. Jh. v. Chr. (Datierung umstritten). Tarquinia, Museo Nazionale Tarquiniese

Anmerkungen

Vorbemerkung: Bei Zitaten griechischer und römischer Schriftsteller, die in fremder Übersetzung wiedergegeben sind, ist der Name des Übersetzers in Klammern angeführt.

1 Herodot, *Historien,* 1, 94 (Richtsteig)
2 Tacitus, *Annalen,* 4, 55 (Horneffer)
3 Hellanikos von Lesbos, ein jüngerer Zeitgenosse von Herodot, hielt die Einwanderer für Pelasger (vgl. Dionysios von Halikarnassos, 1, 28), ein »Volk aus Thessalien, von dem man annahm, es sei in nachhomerischer Zeit ausgewandert und übers Meer in verschiedene Gebiete der Ägäis und schließlich auch nach Italien gekommen« (Pallottino, *Die Etrusker,* S. 53).
4 Dionysios von Halikarnassos, *Antiquitates Romanae,* 1, 30 (zitiert nach Bloch, *Die Etrusker,* S. 43)
5 Pallottino sagt von der französischen Nation: »Diese ... hat ihren Ursprung in den ältesten europäischen Volksschichten. Angefangen bei den Ligurern und Kelten über die Herrschaft der Römer mit der Latinisierung und Christianisierung Galliens bis zu den germanischen Invasionen der Franken, Burgunder, Westgoten, Normannen und der Vereinheitlichung des Ganzen durch die Monarchie usf. haben alle diese völkischen und historischen Elemente zur Formung des französischen Volkes beigetragen.«

In ähnlicher Weise hat sich nach der Auffassung Pallottinos auch die etruskische Nation gebildet: »Man hat von der Herkunft der Etrusker aus dem Osten, aus dem Norden oder von ihrer italienischen Autochthonie gesprochen, während in Wirklichkeit bei der Bildung der etruskischen Nation östliche, festländische, eingeborene Elemente beteiligt waren, die einzeln erforscht, beschrieben, bewertet und miteinander verglichen werden sollten.« (Pallottino, *Die Etrusker,* S. 63–64).
6 Altheim, *Der Ursprung der Etrusker,* S. 31–32
7 »Die jüngste Entdeckung einer Inschrift in chalkidischen Buchstaben auf einer geometrischen Vase des 8. Jahrhunderts in Pithecusa bestätigt die hergebrachte Theorie, daß das Alphabet in Mittelitalien schon in ältester Zeit der griechischen Kolonisation von Cumae aus eingeführt worden ist.«

(Pallottino, *Die Etrusker,* S. 204; vgl. auch C. Buchner / C. F. Russo, *Rendiconti dell'Accademia dei Lincei,* 1955, S. 215 ff.)

8 H. Rix, in: *Lexikon der alten Welt.* Zürich–Stuttgart 1965, Sp. 902 – Pallottino erklärt die kombinatorische Methode folgendermaßen: »Die lexikalische und grammatische Bedeutung, die durch Induktion gewonnen wurde, überprüft man durch die Kombination der Texte, die das fragliche Wort enthalten, sowie durch die Kontrolle, ob die Haltbarkeit der ersten Hypothese sich auch an neuen Belegen erweist. Dies ist der klassische Verlauf der kombinatorischen Methode.« (*Die Etrusker,* S. 199)

Um Mißverständnissen vorzubeugen, sei noch auf folgendes hingewiesen: Man hört in Zusammenhang mit der Erforschung etruskischer Texte immer wieder von der etymologischen Methode, obwohl es doch heißt, daß diese für das Etruskische nicht anwendbar sei. Bei der Feststellung, daß die etymologische Methode kaum zu Ergebnissen führe, müßte man korrekterweise hinzufügen: »... es sie denn, daß es sich um offensichtliche Lehnwörter im Etruskischen handle« (Pfiffig, *Einführung in die Etruskologie,* S. 14).

Mißverständlich könnte es auch sein, daß es nicht viel mehr als 25 Bilinguen gibt, mit denen man aber kaum etwas anfangen kann, daß jedoch dennoch neuerdings viel von einer »bilinguistischen« Methode die Rede ist. Worum es bei ihr geht, erklärt Pallottini folgendermaßen: »Sie arbeitet auf einem Gebiet, das vollständig verschieden ist von dem der Sprachverwandtschaft und dem der Sprachvergleichung. Sie bemüht sich statt dessen, den Sinn der Wörter und Texte nach der gleichen Art zu erklären, wie es die ›Übersetzer‹, d.h. die Bilinguen und Glossare tun. Man ging nämlich von der Voraussetzung aus, daß die etruskische Kultur direkt mit der griechischen und italischen verbunden war, wie Religion, Kunst, Sitten usf. beweisen. Dementsprechend müsse sich die kulturelle Verwandtschaft auch in der Ausdrucksweise, in den Formeln für Opfer, Votiv- und Grabkult widerspiegeln. So kam man zu dem Schluß, daß ein etruskischer Text in vielen Fällen einem griechischen, lateinischen, italischen von entsprechendem Inhalt gegenübergestellt und auf der Basis eines solchen Vergleichs gedeutet werden könne, gleichsam als handelte es sich um eine Bilingue.« (*Die Etrusker,* S. 201)

Pfiffig hat recht, wenn er den Ausdruck »quasibilinguistische Methode« für korrekter hält. Rix erklärt sogar, die bilinguistische Methode sei »nur ein Sonderfall der ›kontextuellen‹ Kombinatorik, insofern als sie neben den archäologischen (Fundort, Art, Umgebung etc. des beschrifteten Gegenstandes) ein weiteres Mittel zur Bestimmung des Gesamtinhaltes darstellt und auf Grund der Erfahrung, daß in Sprachen desselben Kulturkreises gleiche Inhalte oft auf gleiche Weise formuliert werden, auf einzelnes schließen läßt« (Gött. Gel. Anz. 217, 1965, 72 f.).

9 Livius, *Ab urbe condita,* 7, 2

10 Sueton, *Augustus,* 97

11 Manche Etruskologen sprechen nicht von Atrium, sondern von Hauptraum oder Hauptkammer, weil zu einem Atrium das *compluvium* gehöre, die Öffnung im Dach, durch welche das Regenwasser in das darunterliegende Becken, das *impluvium,* fällt. Demgegenüber erklärt Heurgon: »In Wirklichkeit ist diese Einrichtung ziemlich spät entstanden. Die Gräber, die so getreu die Architektur des Hauses widerspiegeln, liefern kein einziges Beispiel. Die ältesten Häuser von Pompeji waren mit einem Dach gedeckt und hatten ebenfalls kein compluvium. Die Gräber von Caere lassen nicht die geringste Spur von einer Öffnung im Dach erkennen, obwohl alle anderen Details, Firstbalken, Dachsparren, Latten und Verzierungen, mit größter Sorgfalt wiedergegeben sind. Ihre *atria* oder – was dasselbe ist – *cavaedia* sind, nach der Terminologie Vitruvs, der die verschiedensten Arten von Innenhöfen beschreibt, vom Typus der *testudinata,* weil ihr Dach der *testudo,* dem Panzer der Schildkröte, glich.« (Heurgon, *Die Etrusker,* S. 218f.)

12 Hess-Paschinger, *Das etruskische Italien,* S. 233

13 Pallottino, *Die Etrusker,* S. 147

14 vgl. dazu Aristoteles, *Fragmenta Historica,* 566 (Acad. Reg. Boruss. 5, 1870, Sp. 1771a); Pollux 4, 7, 56; Athenaios 4, 154 und 12, 518b; Plutarch, *De cohibenda ira,* 11

15 Claudius Aelianus, *De natura animalium,* 12, 46

16 Livius, *Ab urbe condita,* 7, 2 (Feix)

17 Die Tomba del Colle wurde früher Tomba Casuccini genannt und führt bei manchen Autoren noch heute diesen Namen

18 Das berichtet Nicolaus Damascenus, wie wir bei Athenaios (4, 153f.) erfahren. Athenaios ist der Verfasser der *Deipnosophisten,* eines Sammelwerks von 15 Bänden, das um 200 n. Chr. erschienen ist.

19 Livius, *Periochae,* 16

20 vgl. Stützer, *Das antike Rom,* S. 228ff.

21 vgl. vor allem Bachofen, *Die Sage von Tanaquil,* Bd. 6 der Gesammelten Werke

22 Altheim, *Römische Geschichte,* S. 103

23 Pallottino, *Die Etrusker,* S. 126

24 vgl. Heurgon, *Die Etrusker,* S. 108

25 Athenaios, 12, 517d (Treu)

26 Plautus, *Cistellaria,* 561f.

27 Athenaios, 1, 23d

28 Diodoros Siculus, 5, 40. Diodor veröffentlichte die Mitteilungen des Poseidonios über die Etrusker in seinem 5. Buch

29 Diodoros Siculus, 5, 40

30 Vacano, *Die Etrusker in der Welt der Antike,* S. 109

31 »Turan – die der Aphrodite bzw. Venus entspricht – ist ›die Gebende‹, nicht ›die Herrin‹. Bei der Deutung ihres Namens die in ihrer Bedeutung absolut sichere Wurzel etr. *tur-* ›geben‹ zu übergehen und den Namen mit einem bisher nicht überzeugend gedeuteten, nichtgriechischen tyran(n)os zu verbinden, wie dies bis heute meist geschieht, ist unwissenschaftlich. Die Bedeutung ›Herr‹, die dem Wort tyran(n)os zugeteilt wird, ist nur aus der historischen Funktion als Möglichkeit erschlossen.

Jedoch glauben wir, daß tatsächlich eine Beziehung zwischen *Turan* und *tyran(n)os* besteht, aber in völlig umgekehrtem Sinn: Vielleicht ist der vorgriechische, mediterrane Tyrannos der König, der in der kultischen Begehung der Fruchtbarkeitsriten den Paredros der Großen Göttin darstellt. An einer solchen Funktion des Königs – und auf der anderen Seite der Königin oder obersten Priesterin – besteht nach allem, was wir von dem Kultbrauch des ›Hierós Gámos‹ (der hl. Hochzeit) wissen, kein Zweifel. Wenn nun die Große Göttin *Turan* genannt wird, dann ist ihr Paredros ›Turan-na‹ ›der zu Turan Gehörige‹. Die adjektivbildende Funktion von *-na* ist aus vielen vorgriechischen Ortsnamen der Ägäis und Kleinasiens bekannt und steckt auch in der Endung -ános/énos gräzisierter Namen. Wenn wir schon Etymologie treiben wollen, dann ist es in diesem Fall leichter, den etruskischen Gottesnamen *Turan* als das Primäre, das vorgriechische Tyrannos aber als das von ihm abgeleitete aufzufassen.« (Pfiffig, *Einführung in die Etruskologie,* S. 64 f.)

32 Bianchi Bandinelli, *Etrusker und Italiker,* S. 293

33 Bianchi Bandinelli, *Etrusker und Italiker,* S. 319 und 373

34 Vitruv, *De architectura,* 4, 7

35 vgl. Stützer, *Das antike Rom,* S. 196 ff.

36 Man hat noch Bruchstücke eines gewandeten Körpers gefunden, die vielleicht zu dem Hermes-Kopf gehören. Dies läßt sich aber bisher nicht beweisen.

37 Varro, *De lingua latina,* 5, 46

38 Pallottino, *Die Etrusker,* S. 131 – Zu den zitierten Äußerungen Pallottinos erklärt Pfiffig: »Dem ist hinzuzufügen, daß vor der Anerkennung als Hauptgott die Verschmelzung des transformierten Erddämons *veltha / Volta* (Olta bei Plin. n. h. II, 53) mit dem gemeinetruskischen Gewittergott Tin eingetreten ist. Auch wo nur Voltumna (Livius) oder *velthune* (Tuscaniaspiegel) genannt wird, zeigt die adjektivische Form des Namens, daß er ein Epitheton ist, das eine Funktion des Tin – Bundesgott wegen des Bundessitzes in Volsinii – ist. Das schließt nicht aus, daß *veltha / Volta* anderswo den dämonischen Aspekt beibehält (Properz, V, 11, 31).« (Pfiffig, *Religio Etrusca,* S. 235 f.)

39 Pallottino, *Die Etrusker,* S. 134

40 Cicero, *De divinatione,* 2, 23, 50 (Kühner)

41 Cicero, *De divinatione,* 1, 41, 92 (Kühner)
42 Cicero, *De divinatione,* 2, 24, 51
43 Cicero, *De divinatione,* 2, 42; Plinius, *Naturalis Historia,* 2, 54, 143
44 *ziro* ist ein Wort des toskanischen Dialekts. Es kommt vom arabischen *zir* und bedeutet: dickwandiges Tongefäß, in das in diesem Fall die Urne mit den Beigaben hineingestellt ist.
45 Arnobius, *Adversus gentes,* 2, 62; Servius, *Kommentar zur Aeneis,* 3, 168
46 Diese Mitteilung verdanken wir dem Buch *De die natali* (17,2) des Grammatikers Censorinus (3. Jh. n. Chr.), dessen Quelle Varro (116–27 v. Chr.) ist. Varro wiederum beruft sich auf ein Buch mit dem Titel *Tuscae historiae.*

Literaturverzeichnis

Agostino, Alfredo de Veio – *La storia, i ruderi, le terrecotte.* Rom 1965

Altheim, Franz *Der Ursprung der Etrusker.* Baden-Baden 1950

– *Römische Geschichte.* Bd. I: *Die Grundlagen.* Frankfurt a. M. 1951

Athenaei *Deipnosophistae.* Leipzig 1858

Athenaios von Naukratis *Das Gelehrtenmahl.* Aus dem Griechischen übers. v. U. und K. Treu. Leipzig 1985

Bachofen, Johann Jakob *Gesammelte Werke.* Hrsg. von K. Meuli. Basel 1943–1967

Banti, Luisa *Die Welt der Etrusker.* Aus dem Italienischen übers. v. P. Zanker u. H. v. Heintze. 3. Aufl. Stuttgart 1960

Bargellini, Piero *Die Kunst der Etrusker.* Aus dem Italienischen übers. v. F. Kollmann. Hamburg 1960

Bianchi Bandinelli, Ranuccio *Rom. Das Zentrum der Macht.* Aus dem Italienischen übers. v. M. Restle, München 1970

Bianchi Bandinelli, Ranuccio / Giuliano, Antonio *Etrusker und Italiker vor der römischen Herrschaft.* Aus dem Italienischen übers. v. H. Schlüter. München 1974

Bizzarri, Mario *Orvieto etrusca. Kunst und Geschichte.* Aus dem Italienischen übers. v. W. u. M. Pauli. Orvieto o. J.

Blank, Horst/Weber-Lehmann, Cornelia u. a. *Malerei der Etrusker in Zeichnungen des 19. Jahrhunderts.* Mainz 1987

Bloch, Raymond *Arte Etrusca.* Mailand 1958
- *Die Etrusker.* Aus dem Englischen übers. v. U. Helbig. Köln 1960
- *Die Kunst der Etrusker.* Aus dem Französischen übers. v. U. Seyffarth. Stuttgart 1966

Boitani, Francesca / Cataldi, Maria / Pasquinucci, Marinella / Torelli, Mario *Die Städte der Etrusker.* Aus dem Italienischen übers. v. B. Andreae. Freiburg 1974

Bongi Jovino, Maria u. a. *Gli Etruschi di Tarquinia.* Modena 1986

Cataldi-Dini, Maria *La tomba dei Demoni Azzurri.* In: *Tarquinia – ricerche, scari, prospettive.* Mailand 1986

Ciattini, A. / Melani, V. / Nicosia, F. *Itinerari Etruschi.* Pistoia 1971

Cicero, Marcus Tullius *De natura deorum.* Stuttgart 1968 (= Bibliotheca Teubneriana)
- *Vom Wesen der Götter.* Aus dem Lateinischen übers. v. A. Kabza. München o. J. (= Goldmanns Gelbe Taschenbücher)
- *De divinatione, De fato. Timaeus.* Stuttgart 1968 (= Bibliotheca Teubneriana)
- *Von der Weissagung.* Aus dem Lateinischen übers. v. R. Kühner. München o. J. (= Goldmanns Gelbe Taschenbücher)

Clemen, Carl *Die Religion der Etrusker.* Bonn 1936

Cles-Reden, Sibylle von *Das versunkene Volk – Welt und Land der Etrusker.* 2. Aufl. Frankfurt a. M. 1958
- *Die Etrusker.* Bergisch Gladbach 1977

Colonna, Giovanni *Per una cronologie della pittura etrusca di età ellenistica.* In: *Dialoghi di Archeologia,* 3. Serie Nr. 1 1984

Colonna di Paolo, Elena *Necropoli rupestri del Viterbese.* Novara 1979

Cristofani, Mauro *Die Etrusker-Geschichte, Glaube und Kultur.* Aus dem Italienischen übers. v. V. Cinke u. R. Schnieper. Luzern 1983

Cristofani, Mauro u. a. *Die Etrusker.* Aus dem Italienischen, Französischen und Englischen übers. Stuttgart–Zürich 1985

Dennis, George *Die Städte und Begräbnisplätze Etruriens.* Leipzig 1852. Neuausgabe v. O. W. Vacano. Darmstadt 1973

Dionysius Halicarnassus *Antiquitates Romanae.* Stuttgart 1967 (= Bibliotheca Teubneriana)

Dohrn, Tobias *Grundzüge etruskischer Kunst,* Baden-Baden 1958

Ducati, Pericle *Die etruskische, italo-hellenistische und römische Malerei.* Aus dem Italienischen übers. Wien 1942

Enking, Ragna *Etruskische Geistigkeit.* Berlin 1947

Gerhard, Eduard *Etruskische Spiegel.* 1840 bis 1897. Unveränderter photomechanischer Nachdruck. Berlin 1974

Giglioli, Giulio Quirino *L'arte etrusca.* Mailand 1935

Gröteke, Friedhelm *Etruskerland – Geschichte, Kunst, Kultur.* 2. Aufl. Stuttgart 1983

Hall Dohan, Edith *A Ziro Burial from Chiusi.* In: *American Journal of Archaeology,* 39, 1935
Hamblin, Dora Jane *Die Frühzeit des Menschen: Die Etrusker.* Aus dem Englischen übers. v. J. Abel. Reinbek bei Hamburg 1978
Helbig, Wolfgang *Führer durch die öffentlichen Sammlungen klassischer Altertümer in Rom.* Tübingen 1963–1972
Herbig, Reinhard *Götter und Dämonen der Etrusker.* 2. Aufl., bearb. v. Erika Simon. Mainz 1965
Herodot *Historien.* Aus dem Griechischen übers. v. E. Richtsteig. München 1961 (= Goldmanns Gelbe Taschenbücher)
Hess, Robert / Paschinger, Elfriede *Das etruskische Italien.* 4. Aufl. Köln 1985
Heurgon, Jacques *Die Etrusker.* Aus dem Französischen übers. v. I. Rauthe-Welsch. Stuttgart 1971
Krauskopf, Ingrid *Todesdämonen und Totengötter im vorhellenistischen Etrurien.* Florenz 1987
Latte, Kurt *Römische Religionsgeschichte.* 2. unveränderte Aufl. München 1967
Lauffer, Siegfried *Abriß der antiken Geschichte.* 2. Aufl. München 1964
Leisinger, Hermann *Malerei der Etrusker.* Stuttgart o. J.
Livius, Titus *Ab urbe condita libri.* Stuttgart 1966 (= Bibliotheca Teubneriana)
– *Römische Frühgeschichte I.* Aus »Ab urbe condita«, 1–5, ausgewählt u. übers. v. J. Feix. München 1960 (= Goldmanns Gelbe Taschenbücher)
– *Römische Frühgeschichte II.* Aus »Ab urbe condita«, 6–10, ausgew. u. übers. v. J. Feix. München 1962 (= Goldmanns Gelbe Taschenbücher)
Mansuelli, Guido *Etrurien und die Anfänge Roms.* Aus dem Italienischen übers. v. L. Voelker, Baden-Baden 1963
Massa, Aldo *Die Welt der Etrusker.* Aus dem Französischen übers. v. I. Hanneforth. München 1973
Messerschmidt, Franz *Griechische und etruskische Religion.* In: *Studi e materiali stor. rel.* 5, 1929, S. 21ff.
– *Untersuchungen zur Tomba del letto funebre in Tarquinia.* In: *Studi Etruschi* 3, 1929, S. 519ff.
Moretti, Mario *Il Museo Nazionale di Villa Giulia.* Rom 1973
– *Cerveteri.* Novara 1978
Moretti, Mario (Text) / von Matt, Leonard (Fotos) *Etruskische Malerei in Tarquinia.* Köln 1974
Moretti, Mario / Maetzke, Guglielmo / Gasser, Manuel *Kunst und Land der Etrusker.* Zürich u. Würzburg 1969
Müller, Karl Otfried / Deecke, Wilhelm *Die Etrusker.* Stuttgart 1877, Nachdruck Graz 1965
Ogilvie, Robert M. *Das frühe Rom und die Etrusker.* Aus dem Englischen übers. v. J. Götz, München 1983
Östenberg, Carl Eric *Case Etrusche di Acquarossa.* Rom 1975

Pallottino, Massimo *L'Origine degli Etruschi.* Rom 1947
- *La Necropoli di Cerveteri.* Rom 1950
- *Nuovi studi sul problema delle origini etrusche (bilancio critico).* In: *Studi Etruschi* 29, 1961, S. 3ff.
- *Die Etrusker.* Übersetzung aus dem Italienischen der vom Verfasser durchgesehenen und erweiterten Ausgabe seiner »Etruscologia«. Frankfurt 1965
- *Etruskologie – Geschichte und Kultur der Etrusker.* Aus dem Italienischen übers. v. S. Steingräber. Basel 1988

Pallottino, Massimo / Jucker, H. und I. *Etruskische Kunst.* Zürich 1955

Palma, Claudio de *Testimonianze Etrusche.* Florenz 1974

Pfiffig, Ambros Josef *Die Ausbreitung des römischen Städtewesens in Etrurien.* Florenz 1966
- *Die etruskische Sprache.* Graz 1969
- *Einführung in die Etruskologie – Probleme, Methoden, Ergebnisse.* Darmstadt 1972
- *Religio Etrusca.* Graz 1975

Pfister, Kurt *Die Etrusker – Größe, Geheimnis und Untergang eines Volkes.* München 1940

Poulsen, Vagn *Etruskische Kunst.* Königstein i.T. 1969

Radke, Gerhard *Die Götter Altitaliens.* Münster 1965

Romanelli, Pietro *Tarquinia – Nekropole und Museum.* Aus dem Italienischen übers. v. H. v. Heintze. Rom 1955

Runes, M. / Cortsen, S. P. *Der etruskische Text der Agramer Mumienbinde.* Göttingen 1935

Schefold, Karl *Zum Betriff »etruskische Kunst«.* In: *Scritti in onore di Guido Libertini.* Florenz 1958
- *Die Griechen und ihre Nachbarn.* Berlin 1967

Sprenger, Maja / Bartoloni, Gilda *Die Etrusker, Kunst und Geschichte.* München 1977

Steingräber, Stephan *Etruskische Möbel.* Rom 1979
- *Etrurien.* München 1981

Steingräber, Stephan u.a. *Etruskische Wandmalerei.* Übersetzung der italienischen Beiträge von S. Steingräber. Stuttgart 1985

Stoltenberg, Hans L. *Etruskische Gottnamen.* Leverkusen 1957
- *Etruskische Namen für Personen und Gruppen.* Leverkusen 1958

Stützer, Herbert Alexander *Die Kunst der Etrusker und der römischen Republik.* München 1955
- *Aus der Frühzeit Italiens: Die Etrusker.* München 1965
- *Das alte Rom.* Stuttgart 1971
- *Das antike Rom.* 7. Aufl. Köln 1987

Suetonius Tranquillus *De vita Caesarum.* Stuttgart 1967 (= Bibliotheca Teubneriana)

- *Cäsarenleben.* Aus dem Lateinischen übers. v. M. Heinemann. Stuttgart 1957 (= Kröners Taschenausgabe)
Tacitus, Cornelius *Annalen.* Lat. u. deutsch. München 1954 (= Tusculum Bücherei)
- *Annalen.* Aus dem Lateinischen übers. v. A. Horneffer. Stuttgart 1964 (= Kröners Taschenausgaqbe)
- *Historien.* Lat. u. deutsch. München 1969 (= Tusculum-Bücherei)
Thulin. C. O. *Die etruskische Disciplin.* Göteborg 1905–1909. Reprographischer Nachdruck. Darmstadt 1968
Torelli, Mario *Die Etrusker – Geschichte, Kultur, Gesellschaft.* Aus dem Italienischen übers. v. A. Wittenburg. Frankfurt–New York 1988
Vacano, Otto Wilhelm von *Die Etrusker.* Stuttgart 1955
- *Die Etrusker in der Welt der Antike.* Hamburg 1957
Vitruvius Pollio *De architectura libri decem.* Lat. u. deutsch (übers. v. C. Fensterbusch). Darmstadt 1964
Weeber, Karl-Wilhelm *Geschichte der Etrusker.* Stuttgart 1979
Wolters, Jochen *Die Granulation.* München 1983

Verzeichnis der Farbabbildungen

Durch einen zeitlich vorgezogenen Druck des Farbteils konnten bei den Legenden 3, 9, 16, 19, 20 und 21 kleine Fehler bzw. Ungenauigkeiten nicht mehr korrigiert werden. Dieses Verzeichnis enthält die korrekte Fassung.

17 Charun. Tomba degli Anina. 3.–2. Jh. v. Chr. Tarquinia
18 Vanth. Tomba degli Anina. 3.–2. Jh. v. Chr. Tarquinia
19 Mänade. Antefix vom Tempel von Portonaccio in Veii. Um 500 v. Chr. Rom, Villa Giulia
20 Silen. Antefix vom Tempel von Portonaccio in Veii. Um 500 v. Chr. Rom, Villa Giulia
21 Dämonen. Tomba dei Demoni Azzurri. Ende 5. Jh v. Chr. Tarquinia. Ergänzte und kolorierte Nachzeichnung

Abbildungsnachweis

Boston, Museum of Fine Arts Abb. 87
Buochs, Leonard von Matt Farbabb. 4, 5, 6, 8, 10, 16, 18; Abb. 1, 10, 11, 16, 21, 22, 23, 25, 29, 36, 38, 39, 42, 43, 44, 53, 55, 57, 58, 64, 66, 69, 71, 72, 75, 76, 77, 81, 83, 85, 86, 91, 92, 93, 99, 101, 104, 105, 106, 109, 112, 114, 123
Florenz, Fratelli Alinari Abb. 12, 20, 31, 32, 33, 34, 60, 61, 73, 79, 84, 88, 89, 90, 97, 98, 102, 107, 126, 129
Florenz, Scala Farbabb. 14
Florenz, Soprintendenza alle Antichità d'Etruria Abb. 119
Geras, Archiv Prof. A. J. Pfiffig Abb. 5, 6
Köln, Archiv DuMont Buchverlag Abb. 4, 45, 103
London, British Museum Abb. 111
München, Hirmer Verlag Abb. 74
München, Dr. Stützer Farbabb. 1, 11, 12, 13, 19, 20; Abb. 8, 18
München, Archiv Dr. Stützer Farbabb. 2, 3, 7, 15, 17; Abb. 26, 30, 35, 37, 41, 68, 70, 82, 108, 117, 122, 128
Rom, Deutsches Archäologisches Institut Frontispiz, Abb. 27, 28, 46, 47, 48, 49, 50, 51, 52, 54, 59, 115, 125
Rom, Gabinetto Fotografico Nazionale Abb. 15, 17, 67, 96
Rom, S. A. Poligrafica Sammarinese Abb. 80
Rom, Fototeca Unione Abb. 3, 13
Tübingen, Ursula Plag Farbabb. 9, 21; Abb. 2, 7, 9, 14, 19, 24, 40, 56, 78, 94, 95, 100, 110, 113, 116, 118, 120, 121, 124, 127
Vatikanstadt, Archivio Fotografico Gallerie e Musei Vaticani Abb. 62, 63

Die Vignetten an den Kapitelenden sind Motive aus der Tomba degli Auguri (Vogel) und der Tomba del Gorgoneion in Tarquinia.

Erklärung von Fachausdrücken

Adyton Das Allerheiligste eines antiken Tempels, in dem das Kultbild stand

Akroterion Krönender und schmückender Aufsatz auf der Spitze und den Ecken eines Giebels, vor allem beim Tempel

Alabastron Kleines Ölgefäß für die Körpersalbung

Antefix Am unteren Rande des Daches aufrecht stehender Stirn- oder Abschlußziegel mit Figuren- oder Palmettenschmuck

Apex Spitzhut des → Haruspex

Apotropäisch Unheil abwehrend

Ara Altar

Architrav Waagerechter Steinbalken über den Säulen eines Bauwerks

Arkade Bogen, der von zwei Säulen oder zwei Pfeilern getragen wird

Arkaden Bogenreihe

Augur Zeichendeuter, dem die Vogelschau zur Erforschung des göttlichen Willens obliegt

Aulos (griech., lat.: Tibia) Flöte; Auloi bzw. Tibiae: Doppelflöte

Auspicium Vogelschau (siehe Augur)

Basis ›Fuß‹ einer Säule oder eines Pfeilers

Biga Zweigespann vor einem Wagen

Bucchero-Ware Schwarze, spezifisch etruskische Keramik

Cardo und Decumanus Von Norden nach Süden verlaufende Linie (Cardo), die eine von Osten nach Westen verlaufende Linie (Decumanus) rechtwinklig kreuzt. Ordnungssystem zur Anlage einer Stadt, aber auch zur Aufteilung des Himmels für die Zeichendeuter

Cella Hauptinnenraum des antiken Tempels, in dem das Götterbild steht

Chiton Hemdartiges Kleid nach griechischer Art

Cippus Plastisches Gebilde in der Form eines Phallus. Im weiteren Sinne für mancherlei Grabzeichen gebraucht

Ciste Zylindrischer oder kistenförmiger Behälter aus Bronze zur Aufbewahrung von Kosmetikgegenständen und Schmuck

Custodia Steinbehälter für Urne und Beigaben in → Pozzogräbern

Decumanus siehe Cardo

Dromos Korridor zu einem Grab

Fasces Rutenbündel mit Richtbeil
Fibel Gewandspange, gelegentlich auch Schmuck einer Kopfbedeckung
Fossa-Grab Rechteckige, längliche Grube zur Leichenbestattung
Gebälk Beim antiken Tempel Gesamtheit von → Architrav, Fries und → Geison
Geison Kranzgesims des antiken Tempels
Gesims Horizontaler, vorgelegter Streifen, der eine Wand gliedert oder abschließt (Abschluß zum Dach hin: Kranzgesims)
Giebel Oberer Teil der Schmalseite eines Satteldaches
Haruspex Zeichendeuter, der mittels der Eingeweideschau und der Blitzbeobachtung den göttlichen Willen erkundet und die Zukunft voraussieht
Hellenistische Kunst Aus der griechischen Kunst hervorgegangene Kunstrichtung, die man von Alexander d. Gr. (ca. 330 v. Chr.) bis Augustus datiert. Sie erstreckte sich mit regionalen Besonderheiten fast über die ganze antike Welt in dieser Zeit
Hypogäum Unterirdische Grabstätte
Ikonographie Beschreibung der Bildinhalte von Kunstwerken
Kanope Gefäß mit Menschenkopf (bei den Ägyptern zur Aufnahme der Eingeweide, bei den Etruskern zur Aufbewahrung der Totenasche)
Kantharos Trinkgefäß mit zwei Henkeln
Kapitell Oberster Teil – gleichsam der Kopf – einer Säule, eines Pilasters oder eines Pfeilers
Klassische Kunst Kunst, die sich um Vollkommenheit bemüht, vor allem um den schönen, vollkommenen Menschen und um das vollkommene Bauwerk. Voraussetzung dafür ist ein Sinn für Ausgewogenheit, Maßgerechtigkeit, Wohlproportioniertheit und Harmonie
Kline Liege
Kratér (griech.) Gefäß zum Mischen von Wasser und Wein
Kylix Trinkschale
Lasa Engelhafter Geist der etruskischen Mythologie
Liktor Diener der höheren römischen Magistrate, der ihnen die → Fasces vorantrug; etruskischen Ursprungs
Lituus Krummstab der Auguren
Loculus Grabnische
Mundus 1. Grube mit geopferten Erstlingen im Mittelpunkt einer neugegründeten Stadt; 2. Verbindung zur Unterwelt
Nenfro Kalksteinart
Oinochoe Gießgefäß
Patera Schale
Peripteros Tempel, der an allen vier Seiten von Säulen umgeben ist
Podium Unterbau eines Bauwerks (Podiumtempel: Tempel auf hohem Unterbau mit Freitreppe)

Portikus Säulenhalle vor der Hauptfront eines Bauwerks
Pozzo-Grab (Pozzetto-Grab) Grube zur Aufnahme einer Urne
Prodigium Vorhersage
Pronaos Vorhalle der → Cella eines antiken Tempels
Prostylos Antiker Tempel, der aus einer → Cella und einer vorgelegten Säulenhalle besteht
Quadriga Viergespann vor einem Wagen
Sima Traufleiste am Tempel (mit Wasserspeiern)
Skyphos Zweihenkliges Trinkgefäß
Stele Aufrechtstehende Steinplatte, Grabmal
Tänie farbige Wollbinde
Temenos Heiliger Bezirk
Thymiaterion Räucherbecken
Tibia (lat.) siehe Aulos
Toga Obergewand, das vor allem von Männern der Oberschicht getragen wurde
Tumulus Kegelförmiger, bewachsener Hügel über einer oder mehreren Grabkammern
Tunica Untergewand für Männer und Frauen
Tutulus Etruskische Kopfbedeckung
Volute Schneckenförmige Verzierung

Zeittafel

Um 1000–600	Villanova-Kultur. Seehandel zwischen Griechen, Karthagern und Etruskern.
9. Jh.	Beginn der kontrollierbaren historischen Wirklichkeit der Etrusker.
8. Jh.	Herausbildung städtischer Wesenszüge in Rom unter Mitwirkung des Etruskers Rumle, der als Romulus zur römischen Sagengestalt wurde.
Um 700	Beginn der orientalisierenden Kultur.
Um 600–550	Griechisch-jonische Phokäer stoßen 562 in etruskische Einflußbereiche vor und gründen auf Korsika die Stadt Alalia (heute: Aleria); vermutlich in der gleichen Zeit Gründung des etruskischen Zwölfstädtebundes in Mittelitalien.
Um 600–510	Etruskische Könige in Rom (Tarquinius Priscus, Servius Tullius, Tarquinius Superbus).
Um 540	Etrusker und Karthager besiegen die Phokäer zur See bei Alalia auf Korsika, das unter etruskischen Einfluß kommt.
Ende 6. Jh.	Gründung eines etruskischen Städtebundes in Norditalien nach Gründung von Städten, die für den Zugang zur Adria und für den Handelsverkehr über die Alpen wichtig waren.
Kurz vor 500	Etruskischer Sieg über die Osker in Kampanien. Danach Gründung eines Städtebundes in Süditalien.
Um 510	Absetzung der Tarquinier in Rom und Beginn der römischen Republik.
Um 508	Porsenna, König von Clusium (Chiusi), herrscht wahrscheinlich für kurze Zeit über Rom.
504	Aristodemos von Cumae besiegt die Etrusker bei Aricia.
483–474	Krieg zwischen Rom und Veii.
474	Griechen besiegen unter Hieron I. von Syrakus die Etrusker in einer Seeschlacht bei Kyme (Cumae). Eine Folge davon ist die Einschränkung des Handelsverkehrs zwischen Griechen und Etruskern.

453–452	Die Syrakusaner plündern von der See aus an den Küsten Etruriens und Korsikas. Elba wird besetzt.
438–426	Krieg zwischen Rom und Veii. Waffenstillstand für 20 Jahre.
421	Die Samniten vertreiben die Etrusker aus Capua.
415–413	Etrusker unterstützen im griechischen Bruderkrieg die Athener gegen die Syrakusaner.
396	Veii wird von den Römern erobert und zerstört. Die Kelten fallen in das etruskische Norditalien ein.
384	Dionysios I. von Syrakus plündert Pyrgi, den Hafen von Caere (Cerveteri).
357–354	Tarquinii (Tarquinia), Caere und Falerii begehren gegen Rom auf.
353	Caere verläßt den Zwölferbund und beugt sich den Römern.
351	Tarquinii und Falerii schließen nach kriegerischen Auseinandersetzungen mit Rom einen vierzigjährigen Frieden.
343	Falerii verbündet sich mit Rom.
311	Die Etrusker von Arretium, Cortona, Perusia und Tarquinii verbünden sich mit den Samniten gegen die Römer.
310	Rom besiegt die Etrusker an dem bei Orte gelegenen Vadimonischen See. Friede mit Arretium, Cortona und Perusia.
310	Etrusker kämpfen zur See auf Seiten der Syrakusaner gegen Karthago. Ende des Bündnisses zwischen Etruskern und Karthagern.
308	Tarquinii schließt mit Rom abermals einen vierzigjährigen Frieden.
298–290	Im 3. Samnitenkrieg verbünden sich Samniten, Lukaner, Sabiner, Umbrer, Kelten und Etrusker gegen die Römer.
295	Etrusker und Kelten werden in der Schlacht bei Sentinum von den Römern geschlagen.
294	Friede zwischen Römern und Etruskern.
282	2. Schlacht am Vadimonischen See zwischen Römern auf der einen und keltischen Bojern und Etruskern auf der anderen Seite; es siegen die Römer.
281–280	Römische Bündnisse mit Populonia, Rusellae, Vetulonia, Volaterrae, Volci und Volsinii.
280	Tarquinii muß sich endgültig unterwerfen; 273 unterwirft sich Caere, dessen Hafen Pyrgi später eine römische Kolonie bekommt.

217	Hannibal besiegt im 2. Punischen Krieg die Römer am Trasimenischen See und ein Jahr später bei Cannae. Dadurch werden mehrere etruskische Städte zum Aufstand gegen die Römer in den Jahren 209–208 ermutigt, der niedergeschlagen wird. Die aufständischen Städte müssen 205 die Flotte ausrüsten, die unter P. Cornelius Scipio gegen Karthago auslaufen wird.
183	In Saturnia römische Kolonie.
181	In Gravisca römische Kolonie.
91–88	Es findet der Bundesgenossenkrieg statt, durch den auch die Etrusker – mit einigen Ausnahmen – das römische Bürgerrecht erhalten.
82	Sulla rächt sich an jenen Etruskern, die seinen Gegner Marius als Freiwillige unterstützt haben.
Nach 42	Augustus teilt Italien in 11 Regionen ein und macht Etruria zur Regio VII.

Museen mit etruskischen Exponaten in Italien und wichtige archäologische Stätten (mit * markiert)

Da die Öffnungszeiten der Museen und Ausgrabungsstätten öfter wechseln, ist es empfehlenswert, sich am Ort bei folgenden Stellen zu erkundigen:

Ente Provinciale per il Turismo (EPT) oder Azienda Autonoma di Soggiorno (AA). Die neben den Ortsnamen in Klammern angegebenen Städtenamen bezeichnen die Provinz, zu welcher der Ort gehört.

Allumiere
Museo Preistorico dell'Alto Lazio
Piazza della Repubblica 29
I-00051 Allumiere (Roma)
Gefäße der Villanova-Kultur und Grabbeigaben

Ancona
Museo Archeologico Nazionale delle Marche
Piazza del Senato 2
I-60100 Ancona
Villanova-Urnen aus Tarquinia

Arezzo
Museo Archeologico Mecenate
Via Margaritone 10
I-52100 Arezzo
Urnen, Keramiken, Bronzen und Statuen

Asciano
Museo Etrusco
Corso Matteotti
I-53041 Asciano (Siena)
Grabbeigaben aus den Nekropolen von Poggio Pinci
* Nekropole von Poggio Pinci, 6 km außerhalb von Asciano

Bologna
Museo Civico Archeologico
Via Musei 8
I-40124 Bologna
Exponate aus der Villanova-Kultur und Felsiner Grabstelen

Cecina
Museo Etrusco Romano
Fattoria La Cinquantina
I-57023 Cecina (Livorno)
Funde aus einer Grabstätte der Umgebung

Cerveteri
Museo Nazionale Cerite
Castello Ruspoli
I-00052 Cerveteri (Roma)
Gegenstände der Villanova-Kultur und aus der Umgebung von Cerveteri
* Die große Nekropole auf der Banditaccia, die auch ›Monumentale Zone‹ genannt wird, ist die bedeu-

tendste Grabanlage. Es gibt noch zwei kleinere Nekropolen: die von Sorbo und die von Monte Abetone

Chiusi
Museo Etrusco
Piazza della Cattedrale
I-53043 Chiusi Città (Siena)
Fundstücke aus Chiusi und Umgebung: Aschenurnen, Sarkophage, Keramik und Bronzen
* Nekropolen nördlich von Chiusi an der Straße zum Lago di Chiusi

Civita Castellana
Museo dell'Agro Falisco
Via Del Forte 86
I-01033 Civita Castellana (Viterbo)
Fundstücke aus Ausgrabungen auf dem Agro Falisco
* Akropolis, Reste der Wohnsiedlung und Nekropole von Falerii veteres im Norden und Westen der Stadt

Civitavecchia
Museo Nazionale
Largo Cavour 2
I-00053 Civitavecchia (Roma)
Fundstücke der Villanova-Kultur und der nachfolgenden Zeit

Colle di Val d'Elsa
Museo Etrusco Ranuccio Bianchi Bandinelli
Palazzo Pretorio, Piazza del Duomo
I-53034 Colle di Val d'Elsa (Siena)
Grabbeigaben, Keramiken und Münzen aus der Umgebung

Cortona
Museo dell'Accademia Etrusca
Palazzo Casali, Piazza Signorelli
I-52044 Cortona (Arezzo)
Keramiken, Bronzen, Münzen, Goldschmiedekunst
* Teile der Stadtmauer aus etruskischer Zeit, westlich der Stadt eine Tomba und zwei Tumuli

Ferrara
Museo Archeologico Nazionale
Palazzo Ludovico il Moro
Via XX Settembre 124
I-44100 Ferrara
Funde aus den Nekropolen und Wohngebieten von Spina bei Comacchio

Fiesole
Museo Archeologico
Scavi, Via Portigiani 1
I-50014 Fiesole (Firenze)
Material aus dem etruskischen Tempel
* Reste einer etruskischen Mauer und Fundamente eines etruskischen Tempels innerhalb der archäologischen Zone unweit des Doms

Florenz
Museo Archeologico Nazionale di Firenze
Via della Colonna 38
I-50121 Firenze
Viele Exponate, gefunden vor allem im Bereich der Toskana

Grosseto
Museo Archeologico e d'Arte della Maremma
Piazza Beccarini 3
I-58100 Grosseto
Grabbeigaben, Urnen, Statuen, Münzen und Bronzen aus der Umgebung, vorwiegend aus Roselle
* Stadtanlage und Nekropolen von Roselle ca. 10 km nördlich von Grosseto

Ischia di Castro
Museo Civico Pietro Lotti
Via Roma 4
I-01010 Ischia di Castro (Viterbo)
Funde aus den Nekropolen von Castro

Lucca
Museo Nazionale di Villa Guinigi
Via della Quarquonia
I-55100 Lucca
Fundstücke aus dem Gebiet von Lucca

Marzabotto
Museo Nazionale Etrusco Pompeo Aria
Via Porrettana Sud 13
I-40043 Marzabotto (Bologna)
Grabbeigaben, Vasen, Bronzen und Skulpturen vor allem aus den Nekropolen von Marzabotto
* Akropolis, Stadtanlage und Nekropole

Massa Marittima
Museo Archeologico
Piazza Garibaldi
I-58024 Massa Marittima (Grosseto)
Grabbeigaben aus der Umgebung

Montalcino
Museo Archeologico
Piazza Cavour
I-53024 Montalcino (Siena)
Funde aus dem Gebiet von Montalcino

Orbetello
Museo Archeologico
Via Ricasoli 26
I-58015 Orbetello (Grosseto)
Fundstücke aus der Umgebung, vorwiegend aus Cosa

Orvieto
Museo Etrusco Faina
Piazza del Duomo
Sarkophage, Skulpturen, Vasen
und
Museo Archeologico Nazionale
Palazzo Papale
I-05018 Orvieto (Terni)
Funde aus den Nekropolen von Orvieto und Umgebung und abgelöste Wandmalereien aus den Tomben Golini I und II
* Nekropolen zu Füßen der Stadt und Grundmauern des etruskischen Tempels vom Belvedere

Palermo
Museo Nazionale (Regionale) di Palermo
Piazza Olivella
I-90133 Palermo
Das Museum besitzt die gesamte Sammlung Casuccini aus Chiusi

Palestrina
Museo Archeologico Nazionale
Palazzo Barberini
I-00036 Palestrina
Teile der Sammlung Barberini (die übrigen im Museum Villa Giulia in Rom): Bronzegegenstände, Bucchero-Gefäße, Terrakotta-Reliefs, Keramik

Perugia
Museo Archeologico Nazionale dell'Umbria
Piazza Giordano Bruno 10
(Ex Convento di S. Domenico)
I-06100 Perugia
Grabbeigaben, Urnen, Bronzebleche aus den Nekropolen der Umgebung

* Nekropolen rings um den Stadthügel, vor allem die Tomba dei Volumni

Piacenza
Museo Civico
Palazzo Farnese
Piazza Citadella
I-29100 Piacenza
Die berühmte Bronzeleber

Pisa
Museo dell'Opera della Primaziale Pisana
Piazza Duomo
I-56100 Pisa
Sarkophage, Statuen und Architekturfragmente

Populonia
Museo Etrusco Gasparri
Via San Giovanni
I-57020 Populonia (Livorno)
Vasen, Sarkophagreste und Grabbeigaben aus den Nekropolen von Populonia
* Nekropolen unterhalb der Ortschaft am Golf von Baratti

Rimini
Musei Comunali
Via Gambalunga 27
I-47037 Rimini (Forlî)
Funde aus der Villanova-Zeit

Rom
Museo Nazionale di Villa Giulia
Piazzale di Villa Giulia 9
I-00195 Roma
Umfangreiche Sammlung von Funden aus Latium, Südetrurien und Umbrien

San Gimignano
Museo Etrusco
Piazza Pecori
I-53057 San Gimignano
Funde aus der Umgebung

Saturnia
Antiquario Civico
Villa Ciacci
I-58050 Saturnia (Grosseto)
Funde aus der Umgebung
* Nekropole nördlich der Stadt jenseits des Fiume Albenga

Siena
Museo Archeologico
Via della Sapienza
I-53100 Siena
Sarkophage, Urnen, Keramiken und Skulpturen aus dem Gebiet um Siena

Tarquinia
Museo Nazionale Tarquiniese
Palazzo Vitelleschi
I-01016 Tarquinia (Viterbo)
Funde aus den Nekropolen der Umgebung: Sarkophage, Basreliefs, abgelöste Fresken, Vasen und Grabbeigaben
* Reste der antiken Stadt und des Tempels auf der Anhöhe Pian di Civita. Ausgedehnte Nekropole. Viele Tomben sind zur Zeit geschlossen. Welche Tomben jedoch geöffnet sind, erfährt man im Museum

Todi
Museo Civico
Piazza del Popolo
I-06059 Todi (Perugia)
Skulpturen, Schmuck, Keramiken

Turin
Museo di Antichità

Palazzo Accademia delle Scienze
Corso Regina Margherita 105
I-10123 Torino
Funde aus dem nördlichen Etruskergebiet

Tuscania
Museo Nazionale
im Konvent der Kirche S. Maria del Riposo
Viale Trieste
I-01017 Tuscania (Viterbo)
Sarkophage und Fundstücke aus Tuscania und Umgebung
* Mehrere Nekropolen und einzelne Tomben im Umkreis der Stadt

Vatikanstadt
Museo Gregoriano Etrusco
Città del Vaticano
I-00120 Roma
Umfangreiche Sammlung von Funden, vor allem aus den Nekropolen Südetruriens

Vetulonia
Museo Archeologico
Via Garibaldi
I-58040 Vetulonia (Grosseto)
Fundstücke aus Ausgrabungen in Vetulonia: Grabausstattungen und Keramiken der Villanova-Kultur und der nachfolgenden Epoche
* Nekropolen im Nordosten der Stadt

Viterbo
Museo Civico
Piazza Crispi 2
I-01000 Viterbo
Funde der Villanova-Kultur und der nachfolgenden Epoche aus dem Gebiet von Viterbo

Volterra
Museo Etrusco Guarnacci
Via Vittorio Emanuele
I-56048 Volterra (Pisa)
Urnen, Skulpturen, Goldschmiedearbeiten aus Ausgrabungen um Volterra

Vulci
Museo Nazionale di Vulci
Castello della Badia
I-01011 Località Camino/Vulci (Viterbo)
Ausgrabungsfunde der Villanova-Kultur und der anschließenden Epoche aus der Umgebung von Vulci
* Nekropolen rund um die Stadt

Museen mit etruskischen Exponaten in Deutschland

Altenburg
Staatliches Lindenau-Museum
Gabelentzstr. 5
Altenburg
Urnen, Vasen, vor allem Bucchero-Keramik, Kleinplastik- und Architekturfragmente

Berlin
Staatliche Museen zu Berlin – Preußischer Kulturbesitz
Antikensammlung
Schloßstr. 1
Berlin 19 (Charlottenburg)
Urnen, Kanopen, Vasen, Bronzen, Architekturfragmente, Spiegel, Cisten, Goldschmuck

Dresden
Staatliche Kunstsammlungen Dresden – Skulpturensammlung Albertinum
Georg-Treu-Platz
Dresden
Vasen, Aschenkisten, Kleinbronzen, Gefäßteile, Kleinskulpturen, Bucchero-Keramik, Goldschmuck

Hamburg
Museum für Kunst und Gewerbe
Antikenabteilung
Steintorplatz 1
Hamburg 1
Bronzewaffen, Statuetten, Spiegel, Geräte, Vasen, Bucchero-Keramik, Skulpturen

Hannover
Kestner Museum
Trammplatz 3
Hannover 1
Villanova- und Bucchero-Keramik, Bronzestatuetten und -geräte, Goldschmuck, geschnittene Steine

Jena
Sammlung antiker Kleinkunst der Friedrich-Schiller-Universität
Kahlaische Straße 1
Jena
Vasen, Bucchero-Keramik, Bronzen, Spiegel

Karlsruhe
Badisches Landesmuseum
Schloß
Karlsruhe 1
Vielerlei Bronzen, Vasen, Bucchero-Keramik, Schmuck aus Edelmetall, Musikinstrumente, Urnenreste, Architekturfragmente

Leipzig
Antikenmuseum der Universität

Leipzig
Ritterstr. 9–13
Leipzig
Vasen, Bucchero-Keramik, Bronzestatuetten, Bronzegeräte, Spiegel

München
Staatliche Antikensammlung
Königsplatz 1
München 2
Keramik, Bronzen, Geräte, Figuren, Spiegel, Goldschmuck

Würzburg
Museum Etruscum im Martin-von-Wagner-Museum
Südflügel der Residenz, Residenzplatz
Würzburg
Vasen, Bucchero-Keramik, Bronzen, Figuren, Aschenkisten

Register

Orte und Ausgrabungsstätten

Personen und mythologische Gestalten

Von Herbert Alexander Stützer sind in unserem Verlag erschienen:

Das antike Rom

Die Stadt der sieben Hügel: Plätze, Monumente und Kunstwerke, Geschichte und Leben im alten Rom

378 Seiten mit 23 farbigen und 159 einfarbigen Abbildungen, 39 Zeichnungen und Plänen, Bibliographie, Zeittafel, 31 Seiten praktischen Reisehinweisen, Register (DuMont Kunst-Reiseführer)

»Wer sich genauer mit der Antike beschäftigen will, findet hier nicht nur eine exakte und kenntnisreiche Beschreibung des Sehenswerten, sondern erhält auch ein Bild vom Leben im alten Rom und erfährt viel Interessantes über Politik, Geschichte und Kunst des römischen Weltreichs. So wird dieser Band nicht nur zu einem fast unentbehrlichen Führer, sondern er bietet auch fesselnde, ja spannende Lektüre.«

Frankfurter Allgemeine Zeitung

Frühchristliche Kunst in Rom

Ursprünge christlich-europäischer Kunst

252 Seiten mit 32 farbigen und 126 einfarbigen Abbildungen, Anmerkungen, Glossar, Literaturverzeichnis, Zeittafel, Anhang mit Tips zur Besichtigung der Katakomben sowie einer Geschichte der frühchristlichen Kirchen, Register, kartoniert (DuMont Taschenbücher, Band 261)

Kleine Geschichte der römischen Kunst

360 Seiten mit 13 farbigen und 219 einfarbigen Abbildungen und Zeichnungen, Anmerkungen, Erklärung der Fachbegriffe, Literaturhinweisen, Zeittafel, Register (DuMont Taschenbücher, Band 156)

Ravenna und seine Mosaiken

Mit 5 Rundgängen durch die Stadt

144 Seiten mit 26 farbigen und 59 einfarbigen Abbildungen, Literaturhinweisen, synoptischer Zeittafel, Glossar (DuMont Taschenbücher, Band 222)

»Herbert Alexander Stützer führt mit seinen unprätentiösen Beschreibungen auch den fachlich weniger interessierten Betrachter behutsam an die oftmals verschlüsselten Kunstwerke heran. Die Schemazeichnungen der Mosaiken an der linken und rechten Mittelschiffswand von Sant'Apollinare Nuovo und die auf knapp zweieinhalb Seiten angelegte Beschreibung der Mosaiktechnik erleichtern dem Italien-Reisenden das Auffinden der beschriebenen Gestalten und wecken Verständnis für die Mosaikkunst.«

Frankfurter Allgemeine Zeitung

Die Italienische Renaissance

286 Seiten mit 19 farbigen und 168 einfarbigen Abbildungen, 10 Zeichnungen, Literaturverzeichnis, synchroner Zeittafel und Stammbäumen bedeutender Herrscherfamilien, Personenregister (DuMont Dokumente)

DuMont Taschenbücher

Stand Herbst '92

2 Janson, Malerei unserer Welt
3 Macke, Die Tunisreise
4 Schneede, Magritte
6 Thomas, DuMont's kleines Sachwörterbuch zur Kunst des 20. Jahrhunderts
8 Geelhaar, Klee
13 Muller, DuMont's kleines Lexikon des Expressionismus
14 Jensen, C. D. Friedrich
15 Klein, DuMont's kleines Sachwörterbuch der Drucktechnik und grafischen Kunst
18 Richter, Geschichte der Malerei im 20. Jahrhundert
23 Keller, Chagall
25 Sterner, Jugendstil
26 Jensen, Spitzweg
28 Holländer, Hieronymus Bosch
30 Pawlik, Malen lernen
31 Selz, DuMont's kleines Lexikon des Impressionismus
32 Schneede, George Grosz
33 Panofsky, Sinn und Deutung in der bildenden Kunst
35 van Uitert, van Gogh
37 Haak, Rembrandt
38 Tetzlaff, Romanische Kapitelle in Frankreich
39 Elffers, TANGRAM
40 Pach, Renoir
44 Baumgart, DuMont's kleines Sachlexikon der Architektur
47 Vogt, Der Blaue Reiter
56 Tetzlaff, Romanische Portale in Frankreich
59 Munsterberg, Zen-Kunst
65 Küppers, Das Grundgesetz der Farbenlehre
66 Loyd/Gardner, Mathematische Rätsel und Spiele
69 Burger, Norwegische Stabkirchen
70 Gombrich, Kunst und Fortschritt
71 Pierre, Lexikon der Pop Art
73 Sterner, Barcelona: Antoni Gaudi
74 Kleßmann, Die deutsche Romantik
77 Hainke, Siebdruck
78 Rüdiger, Die gotische Kathedrale
83 Kaemmerling, Ikonographie und Ikonologie
84 Leber, Plastisches Gestalten
85 Loyd/Gardner, Noch mehr mathematische Rätsel und Spiele
88 Walters/Sterner, Jugendstil-Graphik
90 Grassi, Die Theorie des Schönen in der Antike
91 Leber, Aquarellieren lernen
93 Elffers/Schuyt, Das Hexenspiel
95 Hennig, Japanische Gartenkunst
99 Fischer, Wasserburgen im Münsterland
101 Freier, Fotografieren lernen – Sehen lernen
103 Badt, Die Farbenlehre van Goghs
112 Adrion, Die Kunst zu zaubern
114 Schulz, Der Kuckuck und der Esel
115 Hofmann, Ton
123 Winzer, Lexikon der Möbelkunde
124 Dohmen, Die Lithographie
128 Bro, Wie lerne ich zeichnen
130 Gruber/Vedder, DuMont's Handbuch der Video-Praxis
131 Keilhauer, Die Bildsprache des Hinduismus
133 Salberg-Steinhardt, Die Schrift
135 Schüssler, Die ägyptischen Pyramiden
142 Wittkower, Allegorie und Wandel der Symbole
143 Warnke, Politische Architektur
144 Magall, Kleine Geschichte der jüdischen Kunst
146 Hagen, Meisterwerke europäischer Kunst
148 Violet, Kleine Geschichte der japanischen Kunst
149 Treat, Detektive auf dem Glatteis
150 Lavizarri-Raeuber, Thangkas
156 Stützer, Kleine Geschichte der römischen Kunst
157 Maenz, Die 50er Jahre
159 Rolf, Kleine Geschichte der chinesischen Kunst
160 Freier/Sarrazin, Fotos: Selbst entwickeln – Selbst vergrößern
164 Gallagher, Wohnzimmerspiele – alt und neu
167 Neumann, Bauhaus und Bauhäusler
170 Sedlmayr, Die Revolution der modernen Kunst
171 Gombrich, Eine kurze Weltgeschichte für junge Leser
173 Helm, 555 Teekessel
174 Salny/Grosswirth u. a., Phantastische Mensa-Rätsel
177 Lampugnani, Architektur als Kultur

182 Schuster-Oeltzschner, Kunsttherapie
184 Hansmann, Balthasar Neumann
185 Görgens, Kleine Geschichte der indischen Kunst
190 Bolz/Peyer, Indianische Kunst Nordamerikas
191 Salny/Grosswirth u. a., Das endgültige Mensa-Quiz-Buch
193 Kahan, $E = mc^2$
197 Mäckler, Was ist Kunst?
198 Bódy/Weibel, Clip, Klapp, Bum
200 Schulz, Ein Glück!
201 Kitzinger, Kleine Geschichte der frühmittelalterlichen Kunst
203 Müller, Kleine Geschichte der altamerikanischen Kunst
206 Sager, Unterwegs zu Künstlern und Bildern
211 Milner, Zeichnen und Malen ohne Scheu
213 Morris, Rätsel für Denker und Tüftler
214 Schüssler, Kleine Geschichte der ägyptischen Kunst
218 Petsch, Eigenheim und gute Stube
219 Förster, Kunst in Afrika
221 Stahl, An der Wand (Graffiti)
222 Stützer, Ravenna und seine Mosaiken
223 Harris, Cartoon-Zeichnen
224 Maes, Fahrradsucht
225 Panofsky, Gotische Architektur und Scholastik
226 Kostelanetz, John Cage im Gespräch
228 Brendel, Was ist römische Kunst?
229 Springfeld, Schreibspiele
230 Malewitsch, Suprematismus
232 Kuckenburg, Die Entstehung von Sprache und Schrift
234 Kebbel, DuMont's verblüffendes Fremdwörterbuch
235 Gosciniak, Kleine Geschichte der islamischen Kunst
236 Eid/Ruprecht, Collage und Collagieren
238 Jäger, Die Theorie des Schönen in der Italienischen Renaissance
239 Seitz, Claude Monet
242 Ritchard/Moloney, Die Kunst des Bauchredens
243 Holt, $3 \times 3 = 9$?
244 Thürlemann, Vom Bild zum Raum
246 Spitzing, Athos
247 Gallwitz (Hrsg.), Rußlandbilder
248 Hemken, El Lissitzky
249 Franzke, Dubuffet
250 Melas, Delphi
251 Vielmuth, Lexikon für Videofilmer
252 Mäckler, Anthroposophie und Malerei
254 Thomsen, Aufbruch in die Neunziger
255 Ehmcke, Der japanische Tee-Weg
256 Schmidt, Wolken-Kratzer
257 Decker/Weibel (Hrsg.), Vom Verschwinden der Ferne
258 Fischer, Max Beckmann
259 Hönes, Was ist Glück ...?
260 Kugler, Rudolf Steiner und die Anthroposophie
261 Stützer, Frühchristliche Kunst in Rom
262 Gatermann, Die Osterinsel
263 Düchting, Franz Marc
264 Heusinger von Waldegg, James Ensor
265 Ströter-Bender, Zeitgenössische Kunst der ›Dritten Welt‹
266 Walenski, Der Offsetdruck
267 Murken-Altrogge, Paula Modesohn-Becker
268 Michell, Der Hindu-Tempel
269 Urbons, Copy Art
270 Gekeler, Taschenbuch der Farbe
271 Vriesen, Robert Delaunay
272 Brentjes, Die Kunst der Mauren
273 Bauer/Sedlmayr, Rokoko
274 Küppers, Schule der Farben
276 Page, Ich schuf Gärten in aller Welt
277 Fish, Blumen für jeden Tag
278 Schuster, Wodurch Bilder wirken
279 Gendolla, Zeit
280 Howarth, DuMont's Schnellkurs ›Kunstgeschichte‹
281 Howarth, DuMont's Schnellkurs ›Architektur‹
282 Ströter-Bender, Die Muttergottes
283 Daniels, Duchamp und die anderen
284 Hansmann, Im Glanz des Barock
285 Presler, Glanz und Elend der zwanziger Jahre
287 Fuller, Kitsch-Art
288 Freier, DuMont's Lexikon der Fotografie
290 Fish, Die schönsten Blumen für den Cottage-Garten
291 Kreide-Damani, Kunstethnologie
292 von Lüttichau, Otto Mueller
293 Stützer, Die Etrusker und ihre Welt